KB073432

한국 발레사의 한 전설

한국 발레사의 한 전설

초판 1쇄 인쇄일 2018년 11월 15일
초판 1쇄 발행일 2018년 11월 23일

지은이 이찬주
펴낸이 양옥매
디자인 임흥순
교 정 조준경, 허우주

펴낸곳 도서출판 책과나무
출판등록 제2012-000376
주소 서울특별시 마포구 방울내로 79 이노빌딩 302호
대표전화 02.372.1537 **팩스** 02.372.1538
이메일 booknamu2007@naver.com
홈페이지 www.booknamu.com
ISBN 979-11-5776-640-6(03680)

이 도서의 국립중앙도서관 출판시도서목록(CIP)은 서지정보유통지원 시스템 홈페이지(http://seoji.nl.go.kr)와 국가자료공동목록시스템(http://www.nl.go.kr/kolisnet)에서 이용하실 수 있습니다.
(CIP제어번호 : CIP2018036706)

*이 책은 2018년 충북문화재단 지원금으로 제작되었습니다.(후원 한국문화예술위원회, 충청북도, 충북문화재단)

한국 발레사의 한 전설

| 이찬주 지음 |

시

이상만

혼자 날기엔 너무도 쓸쓸해
나의 몸은 빨갛게 타고 있겠지,
그 겨울엔 세상을 변화해 보고 싶은 열정의 고뇌와
빨갛게 타다 못해 열기 속에서 풀어 내는
사치스런 고독이 떨고 있겠지,
그곳엔 또 다른 자유와 눈부신 선택이 기다릴 거야,
겨울의 '무상'이 날 기다리고 있기에,
그것은 오직 하나뿐인 나의 뜨거운 자유이기에…,

감사의 글

선생님! 잘 계시지요?

올해 충북 무용계에는 많은 경사가 있었습니다. 4월엔 선생님을 알리는 '무대 위의 불꽃–이상만' 세미나가 청주예술의전당에서 있었습니다. 많은 사람들이 모여 선생님을 회고하면서 그리워하기도 하고, 한국적 창작 발레 레퍼토리를 가장 많이 보유하고 있는 리(Lee)발레단의 활동을 듣고 보면서 참석한 지역 주민들은 놀라움과 동시에 자부심과 자긍심을 느끼게 되었습니다.

제27회 전국무용제는 청주에서 21년 만에 열렸습니다. 8월 28일부터 '맑은 바람 고은춤 충북 청주'라는 슬로건으로 16개 시·도 대표 무용단들과 100여 명의 해외무용단체 등이 청주로 모여들어 경연과 함께 축제의 일환으로 청주 외 진천, 음성, 충주, 증평으로 찾아가는 '댄스 버스킹'도 펼쳐 보였습니다. 아름다운 충북 청풍명월(淸風明月)을 만나 보는 계기가 되었습니다. 전국무용제에서 집행부와 회원 전체는 하나 되어 12일간 대장정의 시간을 성공리에 마치고 금상까지 얻는 쾌거를 안았습니다.

잠시의 쉼도 없이 충청북도문화재단 기획지원사업인 『한국 발레사의 한 전설』 출판 준비로 종종거리며 오늘 송범춤사업회는 분주합니다.

2018년 사상 최고의 폭염으로 심신이 다 지쳐 있는 상태에서 가을이 오려나 하는 마음으로 하루하루를 보낸 지가 엊그제 같은데 벌써 차가운 바람으로 살갗이 따가움을 느낍니다.

고(故) 송범 선생님의 학술사업 이후로 충북무용계에서는 근현대무용사의 당위성을 찾게 되면서 이상만 선생님으로 이어지는 충북무용계의 계보가 주목받게 되었습니다.

선생님을 기리는 이 책의 집필과 편집은 이찬주 선생님, 윤보경 연구원, 유명재 연구원이 맡아 주었고, 선생님께서 활동한 작품의 비평적 증언이 되는 기록을 책에 함께 담을 수 있도록 비평가 이순열, 이근수, 이상일, 문애령, 송종건 님께서 기꺼이 허락해 주셨습니다. 그 외에 서정자, 김명순, 전홍조, 김길용 선생님들과 리(Lee)발레단 단원 여러분이 인터뷰에 응해 주셨습니다.

늘 힘들고 어려운 상황 속에서 동행하는 송범춤사업회의 박서연 회장을 비롯해서 이태영 국장, 박소원 등과 충북무용협회 고문을 비롯하여 도움을 주신 많은 분들이 있지만 지면상 여기까지 소개해 드립니다.

이상만 선생님, 선생님을 대한민국을 대표하는 국립발레단 1세대 발레리노 시대의 고독한 영혼의 예술가라 부르고 싶습니다. 불꽃처럼 드라마와 같은 삶을 살다 림프암으로 66세 젊은 나이에 타계하신, 오직 발레에 온 생을 다 바친 선생님을 다시 한 번 불러 봅니다. 올겨울은 상당히 춥다고 합니다. 계신 곳은 따스한지요!

2018년 11월

송범춤사업회 고문 秀耕 류명옥

'최초'라는 말이 곧 '최고'로 이어지는 발레리노가 있다. 한국의 대표적인 발레단인 국립발레단 제1세대이자, 서구 발레단에서 활동한 최초의 한국인 발레리노, 이상만이다. 그는 1948년 충북 괴산에서 태어나 국립발레단 주역무용수를 거쳐 해외로 진출한 뒤 약 14년간 활동하며 다양한 스승에게 사사했다. 이상만은 해외에서 체득한 경험을 토대로 서구 발레의 올가 프레오브라젠스카(Olga Preobrajenska)와 조지 발란신(George Balanchine) 등의 메서드(Method)를 한국에 들여와 많은 춤꾼에게 알린 장본인이다. 실제로도 그를 통해 많은 후배들이 해외로 진출했으며 성공적으로 활동했다. 이상만은 후배를 발굴하고 양성하는 일에도 주저 않고 적극적으로 나서 도왔다. 그는 자신의 성을 딴 '리(Lee)발레단'을 창단하기에 이르렀고, 개인 발레단으로는 이례적으로 무려 174명에 달하는 많은 발레리나와 발레리노가 리(Lee)발레단을 거쳐 갔다.

이상만은 리(Lee)발레단 운영 초기부터 줄곧 한국 고유의 소재와 형식을 발레와 접목시키는 데 힘써 왔다. 그가 손수 제작한 작품은 총 22편으로 한국 소설과 시가 주된 소재로 활용되었다. 몇 가지 작품을 간단히 소개하자면 이문열의 소설로 만들어진 〈금시조〉는 서당의 풍경과 연날리기, 줄다리기하는 정겨운 모습을 아기자기하고 재미있게 표현한 작품이다.

〈아리랑〉은 한국의 고유한 정서인 '한'을 품고 있는 여러 지역의 아리랑과, 가슴 아픈 우리의 역사가 절묘하게 어우러진 작품이다. 〈무녀도〉는 전통 무속신앙의 영역을 한국 발레로 구축한 작품이고, 그의 유작인 〈무상〉은 동서양의 예술적 이미지가 조화롭게 담긴 작품이다.

이상만은 발레에 한국 전통춤을 접목시키고자 노력했고, 가야금산조와 국악 관현악, 농악 등의 전통 음악을 사용하여 음악적인 영역 또한 함께 넓혔다. 그의 작품을 감상해 보면 한국인 특유의 정서와 흥이 발레 작품에 어떻게 섞여 있는지 금방 발견할 수 있다. 이상만은 한국적인 소재를 활용하여 발레에 민족의식을 담아냈고, 나아가 한국 발레의 발전을 고민하고 도모하는 계기를 만들었다. 이상만이 이끈 리(Lee)발레단은 학교의 교수단체나 국공립단체를 제외한, 한국에서 가장 오래된 개인발레단이다. 또한 한국적 창작 발레의 레퍼토리를 가장 많이 보유하고 있는 한국 발레 역사의 보고(寶庫)이기도 하다.

한국적인 요소와 이미지를 반영하는 이상만의 창작 발레는 그 가치를 매기기 힘들 정도이다. 그는 자신만의 독특한 시각과 의식을 투영하여 서구의 춤인 발레에 한국의 고유성까지 담아내어 새로운 영역을 창조했다. 선구자적인 그의 행동으로 한국 발레의 기틀이 새로이 다져졌으며 이를 발판 삼아 세계에 한국 발레의 위상을 알리려 하고 있다. 사실 자본이나 사회적인 위치가 미미할 때 혼자 힘으로 무언가를 이룬다는 것은 정말 쉬운 일이 아니다. 그런 의미에서 이상만이 이루어 낸 이같은 전설적인 행보는 마땅히 기록되어야 하며 회자되어야 한다고 생각한다.

그의 삶의 기록이 처음으로 시각 자료와 함께 구체적으로 다뤄지는 것이니만큼 그 의미는 참으로 크고 뜻깊다. 이 작업을 통해 그의 삶과 예술세계를 살펴보고 아울러 그의 예술 혼과 예술 정신을 되새겨 보고자 한다. 이는 이상만의 작품 세계와 한국 발레사의 가치를 전달하는 첫걸음이 될 것이다. 이 글이 이상만의 춤 예술을 견고히 재확립하고, 그의 예술적 가치를 보존하는 데 조금이라도 일조하기를 바라는 마음이다.

2018년 11월

이상만을 기리며

이찬주

차례

1장

책을 시작하며

〈지젤〉(1975), 이상만·김학자

왜 이상만을 '한국 발레사의 전설'이라고 부르는가. 그 이유를 찾는 것은 그다지 어려운 일이 아니다. 그는 춤 늦깎이로 스무 살에 처음 춤을 접했으며 순전히 노력의 결과로 국립발레단에 입단하여 〈지젤(Giselle)〉(1975), 〈코펠리아(Coppelia)〉(1976), 〈카르멘(Carmen)〉(1976) 등에서 주역을 맡으며 존재감을 드러냈다. 춤 비평가 이순열은 이상만이 한 바퀴도 돌기 어려운 뚜르 앙 레르(tour en air)[1] 2회전을 우아한 동작으로 성공하는 것을 보며 그를 한국의 미래를 밝힐 발레리노라고 과감하게 평가하기도 했다.

하지만 그는 새로운 도전을 시작하기 위해 한국을 떠나 미국으로 향했고, 일리노이주 예술학교(The National Academy of Arts, Illinois)에서 3년간 장학생으로 지낼 수 있게 되었다. 그리고 어느 날 우연히 수업에 참관

1) 뚜르 앙 레르(tour en air)는 남성춤꾼을 위한 가장 눈부신 움직임의 하나이다. 공중으로 솟아오른 몸을 완전히 회전시킨 다음 출발 지점에 착지한다. 2회전, 3회전 등을 하기도 하며 기교의 연속적인 장면에서는 회전이 계속 요구되기도 한다(이찬주, 『춤-all that dance』, 이브출판, 2000. p. 324).

1. 〈카르멘〉(1976), 이상만·진수인
2. 〈레이몬다〉(1978), 일리노이 발레단
3. 제1회 리발레단 정기공연(1985), 국립극장 분장실

한 일리노이 발레단(National Ballet Illinois)의 예술 감독 눈에 띄어, 학교생활 4개월 만에 한국 남성 최초로 서구 발레단에서 활동하게 되는 기적과도 같은 기회를 얻게 된다.

이상만은 그곳에서 〈호두까기 인형(The Nutcracker)〉, 〈레이몬다

(Raymonda)〉 등의 작품에 참여하며 솔리스트로의 길을 걷게 된다. 토종 한국인 발레리노 이상만의 노력과 활동에 대한 주변의 찬사도 끊이질 않았다. 발레뤼스(Ballets Russes) 출신 미셸 포킨(Michcl Fokine)[2]의 아들인 비탈리 포킨(Vitale Fokine)은 자신의 학생들에게 "이상만처럼 하라."고 말할 정도였다. 그가 평소에 얼마나 발레에 매진했는지 훤히 보이는 듯하다. 하지만 안타깝게도 이후 허리(척추) 부상을 입게 되고, 일리노이 발레단에서 3년 정도 활동한 뒤 뉴욕으로 거처를 옮기게 된다.

그 후 이상만은 허리 치료에 집중하며 아메리칸발레시어터(ABT, American Ballet Theatre), 뉴욕시티발레단(NYCB, New York City Ballet) 공연 감상에 매진한다. 뉴욕시티발레단 단원들이 많이 연습하던 웨스트사이드 발레 학교(West Side Ballet School)에서는 루돌프 누레예프(Rudolf Nureyev)[3]와 클래스를 하게 되는 기회를 갖게 되었고, 그의 움직임을 놓치지 않기 위해 늘 가까이에서 살펴보려 애썼다. 그 외에도 뉴욕시티발레단

---

2) 미셸 포킨(1880~1942)은 러시아 출신의 무용가이며 안무가이다. 1909년부터 1914년까지 디아길레프의 발레뤼스(Ballet Russes)에서 안무가로 있었다. 안나 파블로바를 위해 안무한 〈빈사(瀕死)의 백조〉를 비롯하여 대표적 안무 작품으로 〈아르미드관(-館, Pavillon d'Armide)〉(1907), 〈레실피드(Les Sylphide)〉(1909), 〈불새(The Fire bird)〉(1910), 〈카니발(Carnival)〉(1910), 〈페트루슈카(Petrushka)〉(1911), 〈장미의 정(Le Spectre de la Rose)〉(1911) 등을 비롯하여 80여 편에 달한다. 1919년 미국으로 건너가 1932년 미국에 귀화하여 무용교사 및 안무가로 활약하였다. 죽을 때까지 새로운 발레의 창안과 고전 발레의 다양한 개편을 위해 노력하였다. 아내 베라 포키나(Vera Antonovna)는 그가 안무한 발레의 많은 작품에 출연하였고 그의 아들 비탈리 포킨은 무용교사로 활동했다. 포킨은 뉴욕에서 생을 마감하였다. 그의 작품은 여전히 세계 유수 발레단에서 상연되고 있다(위키백과사전).

3) 루돌프 누레예프(1938~1993)는 소련에서 태어나 서구세계로 망명하였다. 그는 그의 세대의 가장 널리 알려진 위대한 남성 발레리노로 기술적인 우수성 외에도 뛰어난 안무가로 인정받았다. 영국 런던의 로열발레단(Royal Ballet)에서 활동했으며 마고트 폰테인(Margot Fonteyn)과 파트너로 무대에 자주 올랐다. 1983년부터 1989년까지는 파리 오페라 발레단의 감독을 역임하였고 1992년 10월까지 최고 안무가로 지내며 성공을 거두었다. 그는 수많은 고전 작품 〈백조의 호수(Swan Lake)〉, 〈지젤〉, 〈라 바야데르(La Bayadère)〉에 자신의 해석을 재생산시켰고 특히 그의 〈잠자는 숲속의 미녀〉는 파리오페라발레단의 레퍼토리에 남아 있다. 그는 고전을 재생산한 자신의 작품에서 남성 역할의 훨씬 더 많은 안무를 창출해 내며 남성 발레리노들의 인식을 변화시켰고, 현대와 고전 스타일을 결합하기 위해 많은 노력을 기울였다.

의 수잔 파렐(Suzanne Farrell), 쿠바 출신의 알렉시아 알폰소 등의 춤을 보며 많은 감동과 자극을 받았다.

이상만은 시간을 쪼개어 식당에서 아르바이트를 했는데 때론 버스를 타고 밤새 시카고로 달려가기도 했다. 이유는 간단했다. 아메리칸발레시어터가 알렉시아 알폰소를 객원 주역무용수로 하여 〈백조의 호수(Swan Lake)〉를 공연한다는 소식을 듣고 한달음에 시카고까지 간 것이다. 그 정도로 그는 열정적이었다.

이상만은 허리 부상에도 굴하지 않고 뉴욕에서 아메리칸발레시어터 부속학교에 등록하여, 뉴욕 콘서바토리 오브 댄스(New York Conservatory of Dance)에서 당시 〈봄의 제전(The Rite of Spring)〉의 주역을 맡았던 블라디미르 도크로브스키(Vladimir Dokoudovsky) 선생에게 오랜 기간 동안 춤을 배우게 된다. 이후 그는 블라디미르 도크로브스키를 자신의 진정한 스승으로 여기며 평생 존경을 표한다.

이상만의 행보는 여기서 멈추지 않고 뉴욕다운타운발레단(New York Downtown Ballet)과 사우젠랜드발레단(Thousend Island Ballet. N.Y.)에서 객원 주역무용수와 티칭(teaching)을 하게 된다. 열심히 돈을 모은 그는 1985년 가진 돈 모두를 털어 그의 성을 딴 '리(Lee)발레단'을 창단하기에 이른다. 그리고 14년 만에 외국 생활을 정리하고 고국으로 돌아오게 된다. 이상만은 마치 한자리에 머물러 있지 않고 계속 흐르며 더 넓은 물길을 만드는 강처럼, 멈추지 않고 자신의 열정을 키워 결국 눈부신 결실을 빚어냈다.

그 후 그는 〈신방〉(1986), 〈논두렁〉(1987), 〈메밀꽃 필 무렵〉(1997), 〈무녀도〉(1999), 〈밀양아리랑〉(2000), 〈아리랑〉(2001), 〈금시조〉(2004), 〈황토길〉(2007), 〈춘향〉(2008), 〈바람의 화원〉(2010), 〈김삿갓〉(2011), 〈무상〉

(2013) 등에 이르는 한국적 발레 개발에 온 힘을 쏟았다. 한국을 떠나 더 넓은 곳에서 발레를 배우면서도 이상만은 자신의 정체성을 잊지 않았고, 미국을 떠나 고국으로 돌아온 뒤에는 세계의 발레를 한국에 투영하기에 이른다. 그의 도전이 성공적이었다는 것은 리(Lee)발레단을 거쳐 간 174명에 이르는 발레리나와 발레리노가 증명한다.

이상만의 춤에 대한 열정은 그가 제작한 22편의 작품뿐만 아니라 작품을 올린 무대 곳곳에도 깃들어 있다. 발레 의상은 물론이고 무대 소품으로 사용되는 가야금, 검, 항아리 등을 스스로 제작했다. 게다가 발레를 주제로 한 청동상을 만들고 유화를 그리는 등 작품 활동도 했다. 심지어 큰 배경 막 하나까지도 손수 그렸다고 하니 참으로 놀라운 일이다. 하루 24시간을 분주하게 쪼개어 쓰면서도, 몸이 축나면서도 즐겁고 행복해했을 그의 얼굴이 상상된다. 그는 리(Lee)발레단을 이끄는 동안 전통춤(승무)과 민속춤(소고춤) 등을 발레와 접목시키는 데 집중했고, 생활고를 겪으면서도 한국적 발레를 세계에 꽃피우기 위해 마지막 순간까지도 노력했다. 그의 열정은 어떤 단어나 문장으로도 표현하기 어려울 정도이다.

2013년 12월, 저자는 〈무상〉 공연이 오르는 아르코대극장 로비에서 그를 기다렸다. 병원에서 떠나 분명 5시쯤이면 도착한다고 했는데 5시, 6시, 7시, 마침내 공연 시작종이 울리고도 그는 오지 않았다. 그리고 저자는 8시쯤 장정을 양쪽에 끼고 부축 받으며 힘겹게 로비로 들어서고 있는 그와 마주하게 된다. 세상에! 두 다리를 거의 질질 끌다시피 하면서 큰 로비를 가로지르는 그 모습에 정말 할 말을 잃고 말았다. 그리고 그는 놀랍게도 무대 위에서 두 역할(스님, 경찰)을 완벽하게 해내며 그 누구보다도 힘차게 춤을 췄다. 비록 불안정한 움직임일지라도 그것은 분명 춤이었다.

그리고 공연이 끝나고 며칠 뒤, 그는 거짓말처럼 영영 우리의 곁을 떠났다. 마지막 순간까지도 자신이 품고 있는 열정을 무대에 꽃피웠다. 그를 잘 아는 사람들은 모두 입을 모아 말한다. 아마 그는 저 하늘나라(천국)에서도 여전히 춤을 추고 있을 거라고 말이다. 그런 세계가 있다면 그는 지금 이 순간도 자신의 팔과 다리, 심장과 영혼 모두를 써서 혼신의 힘을 다해 춤추고 있을 것이다. 그런 믿음과 확신이 든다.

2장

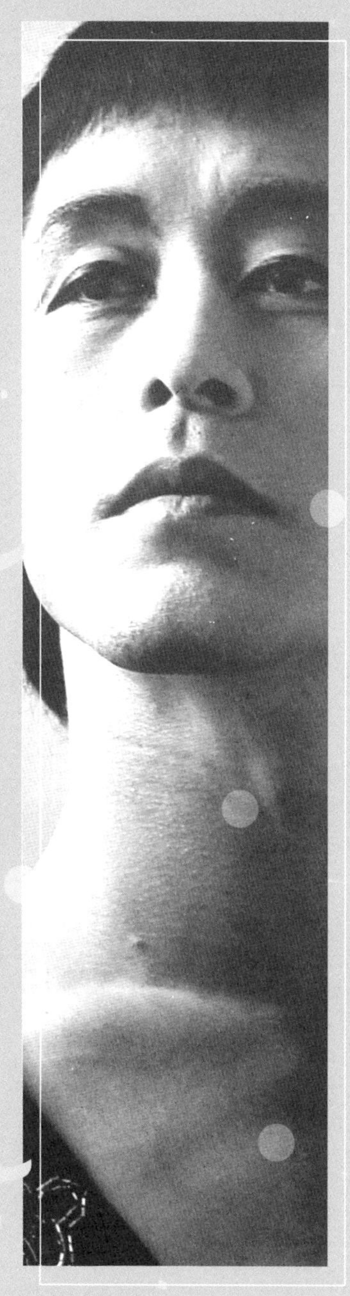

출고 인생

/
이찬주

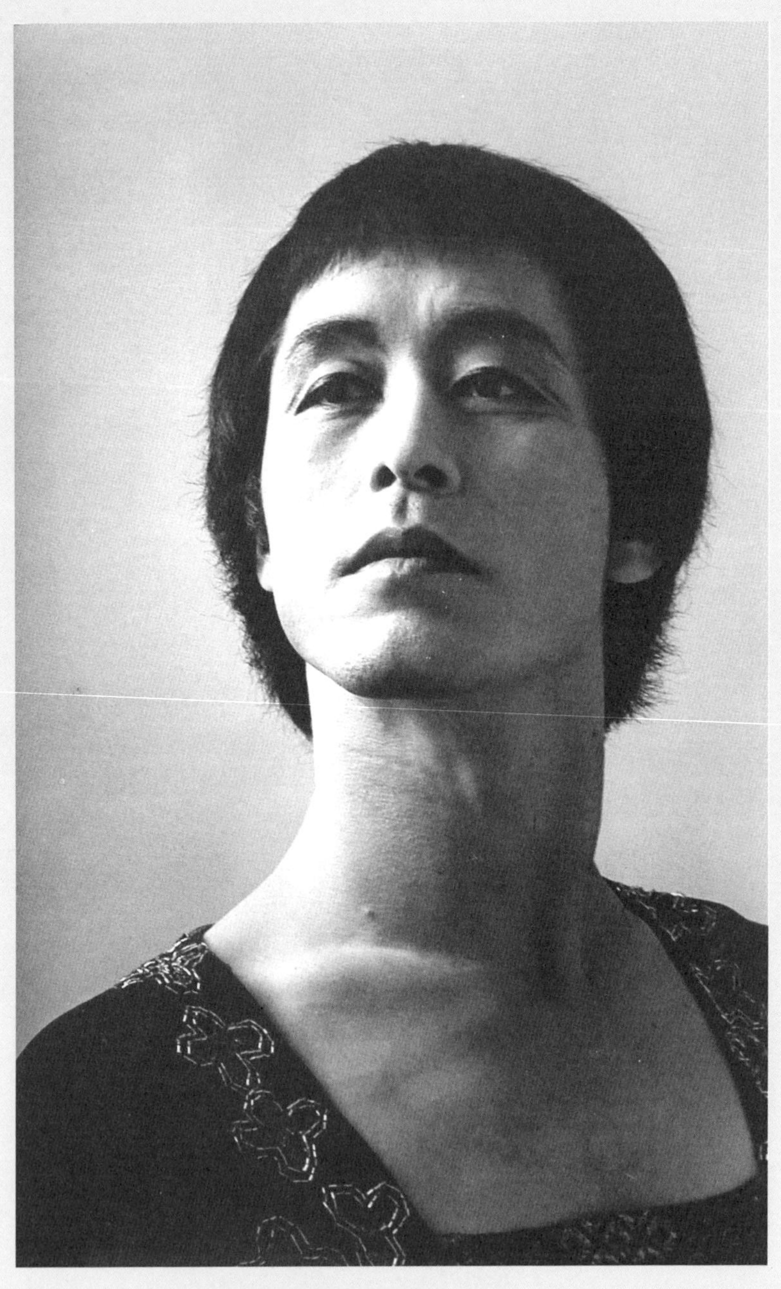

1. 어린 시절: 충북 괴산에서 자유로이 꿈을 꾸다

이상만(1948~2014)은 1948년 11월 19일 충북 괴산군 청안면 부흥리에서 6남매 중 막내로 태어났다. 출생신고를 늦게 한 탓에 호적에는 1949년생으로 등록되어 있다. 위로는 상덕, 상환, 상오라는 세 형님과 상옥, 연옥의 두 누님을 두었다. 이상만은 큰형(상덕)과는 열다섯 살 나이 차가 나고 셋째 형(상오)과 두 살 차이로, 어렸을 때부터 집안의 막내로서 귀여움을 독차지하며 자랐다.

지금의 괴산은 국도가 잘 닦여 있어 통행에 불편함이 없지만 예전에는 아주 드나들기가 불편할 정도의 오지였다. 마을 자체가 산지로 이루어져 있기 때문인데, 동쪽으로는 소백산맥이 뻗어 있어 경상북도 문경과 경계를 이루고, 서쪽으로도 그 산줄기가 길게 이어져 있다. 소백산지에서 발원하는 하천은 보은을 거쳐 괴산의 북쪽으로 흐르며 지금의 달천을 이룬다.

이상만 탄생지에서, 유명재 · 윤보경 · 이태영 · 류명옥 · 이찬주

백봉초등학교

이상만은 자신이 나고 자란 고향을 이렇게 기억한다.

> *"버들피리를 꺾어 불며 망태를 메고 이 동산으로 저 동산으로 놀러 다녔고, 가장 크게 기억에 남는 일은 잠자리로 비행기를 처음 보았던 일, 색깔이 있는 버스를 처음 보던 날 나는 너무 당황하여 놀라 보리밭에 숨었던 기억이 생생하다."*[4)]

그만큼 그의 고향 괴산은 산중에 둘러싸인 조용한 지역으로, 때 묻지 않은 자연의 아름다운 풍광을 그대로 느낄 수 있는 보석 같은 곳이었다.

이상만은 백봉초등학교를 졸업했는데 한 학년에 한 반만이 있는 조그

4) 송종건, 「초창기 국립발레단 주역무용수 이상만 인터뷰」, 2003. 2. 5.

1~4. 백봉초등학교

마한 학교였다. 남학생과 여학생이 각각 스무 명 남짓 되었고 그는 주로 김성세, 박낙진, 박정호, 이선우, 한철호, 함장호 등 남학생들과 몰려다녔다. 때로는 여학생들과 고무줄놀이도 하고 큰 느티나무에 매달린 그네도 함께 탔다. 그는 여학생들처럼 조심스러운 말투를 가진 편이라 자기 또래 여학생들과도 곧잘 어울려 놀았다.

그의 남학생 친구들은 이상만에게 "너는 여자로 태어날 걸 그랬다."고 자주 놀리곤 했고, 그럴 때마다 그는 빙그레 웃기 일쑤였다. 이상만은 키가 큰 편이라 항상 맨 뒷자리에 앉곤 했는데, 아버지(이선우)와 어머니(김유덕) 모두 체격이 좋은 편이었고 형제들도 마찬가지였다. 큰 키와 큰 체격으로 동네를 주름잡고 다니던 형들과는 달리 그는 싸움에 취미가 없었다. 싸움보다는 친구들과 어울려 놀고 춤추는 것이 훨씬 즐거웠기 때문이다.

그가 다니던 백봉초등학교는 집에서 2㎞ 남짓 떨어져 있었는데 마을버스가 없어서 항상 걸어 다녔다. 그러던 중 이상만이 2학년이 되던 해 학교가 집 근처로 이전하게 되었는데, 학생들은 저마다 학교 짓는 데 보탬이 되겠답시고 냇가에서 돌을 주워 책보자기에 싸서 학교에 냈다. 고사리 같은 손으로 삼삼오오 돌을 모았을 아이들을 생각하니 기특해서 웃음이 나온다. 게다가 콘크리트를 반죽할 레미콘도 없어서 사람들이 삽으로 시멘트를 비벼 반죽을 만들기도 했다. 이렇게 모두의 정성이 하나둘 모여 학교가 지어졌다.

그는 "우리들은 작아서 이삿짐을 안 날랐지만 5~6학년 선배들은 학교 짐을 나르기도 했다."고 당시를 회상했다. 학교는 이상만의 아버지가 기증한 가시나무 밭 터에 지어졌다.[5] 그래서 그의 집과 학교가 가까울 수 있었던 것이다. 터는 이상만의 아버지가, 학교를 짓는 비용은 당시 국회의원이었던 고(故) 안동준 의원이 제공했다. 백봉초등학교는 현재 전국의 아름다운 초등학교 중 하나로 지정되어 있으며, 사시사철 아름다운 경관을 자랑하며 괴산의 명소로 자리매김했다.

이상만은 부유한 가정에서 자라나 부족함 없이 성장할 수 있었다. 다른 사람들이 보리밥 먹기도 힘들던 시절에도 그는 배불리 쌀밥을 먹을 수 있

5) 김성세 인터뷰, 2018. 7. 19.

괴산 냇가

었고, 보자기에 책을 싸고 다니는 친구들과는 달리 가방을 메고 다닐 정도였다. 하지만 어린 상만은 가난한 것, 부유한 것을 모르는 아이일 뿐, 항상 친구들과 어울려 봄, 여름, 가을, 겨울 동네를 누비며 또래 남자 아이들처럼 순수하게 자랐다.

그가 초등학교 3~4학년이 되었을 무렵에는 괴산에도 야외극장(노천극장)이 생겨 영화가 상영되기도 했다. 당시 입장료가 몇 백 원으로 비싼 가격이었지만 사람들은 영화를 보겠다고 모여들었다. 야외극장은 주로 괴산의 합수머리[6] 하천의 평편한 곳이나, 큰 집의 넓은 마당에 간이로 지어지곤 했는데, 하천 풀밭에 극장을 지으면 그 주변을 판자로 뻥 둘러 진을 쳐 안과 밖을 구분했다. 이상만과 친구들은 영화가 보고 싶어 밑단을 뜯

6) '합수머리'는 '두 물기가 합쳐지는 머리 부분'을 뜻한다. 충청북도 괴산군에 위치한 괴산과 쌍천이 합쳐지는 합수머리가 있으며, 괴산대교부터 동진천과 성황천이 만나는 합수머리 지점도 나온다.

고 몰래 들어가려다 들켜서 호되게 혼난 적도 있다. 또 넓은 집 마당에서 영화가 상영되면 그 마당이 보이는 다른 집 지붕에 올라 영화를 훔쳐보기도 했다. 이때도 걸리면 사정없이 두들겨 맞았다.

영화 관람도 재미있었지만 자연 그대로의 괴산은 아이들 놀이터 그 자체였다. 여름에는 냇가마다 벌거벗은 아이들이 그득했고, 저마다 멱을 감거나 반두로 피라미를 잡기 바빴다. 아이들은 반두를 냇가 끝(가장자리)에 대고 위에서 물을 밟으며 장난치기도 했다. 겨울에는 고구마나 감자를 불에 던져 구워 먹고 꽁꽁 언 강에서 썰매를 타며 놀았다. 찬바람이 살을 에는 한겨울에는 선생님이 아이들에게 장작을 한 짐씩 해 오라고 시키기도 했는데, 여학생 남학생 할 것 없이 농사일 돕기 바빠 못해 오기 일쑤였다.

하지만 이상만은 부모님의 농사일을 한 번도 도운 적이 없었다. 그의 할아버지, 할머니, 부모님 모두 괴산 태생으로 그 역시 이 지역 토박이인데, 아버지와 어머니는 16세에 결혼해 부흥리에 2만 평 정도의 넓은 부지에 농사를 지을 정도로 부자였다. 쌀농사는 물론 인삼, 고추, 배추, 담배까지 재배했다. 큰 농사를 매년 지었기 때문에 집에는 머슴이 3명 정도 있었고, 동네에서 살림살이가 어려운 사람들을 불러 품삯을 주고 일을 시켰다. 일하는 사람만 해도 하루에 20~30명 정도는 되었다고 하니 가히 그 규모가 짐작된다. 이렇게 큰살림을 꾸리면서도 가사는 어머니가 도맡아 했다.

이상만이 백봉초등학교를 졸업할 당시 졸업생 수는 약 44명 정도 되었으나, 다들 집안 형편이 넉넉하지 않아 중학교에 진학하는 학생은 고작 3~4명밖에 되지 않았다. 이상만은 부유한 가정형편 덕에 청주의 주성중학교와 세광고등학교에 진학할 수 있었다. 본가는 괴산에 두고 청주 수동

1. 주성중학교
2~3. 세광고등학교

에 집을 얻어 둘째 누나(연옥), 셋째 형(상오)과 함께 살았다. 큰 형제들은 대학에 진학하거나 서울로 거주지를 옮겨 뿔뿔이 흩어져 살았다.

둘째 누님이 주로 끼니를 챙겨 주었는데 막냇동생이 친구를 데리고 와서 거리낌 없이 잘 대해 주었다고 한다. 잘생긴 외모에 다부진 체격을 갖춘 이상만은 성격도 좋고 여성스러운 면도 있어 주변 사람들을 잘 챙겨 인기가 많았다. 둘째 누나가 졸업하고 나서부터는 셋째 형(상오)과 둘이서 하숙을 했다. 이상만은 "바로 위의 형(상오)과는 어릴 때부터 많이 싸우며 자랐지만, 지금은 나의 주변에서 생기는 모든 어려운 일에 가장 분노해 주면서, 나를 가장 잘 도와주는 형제로 있지요."[7]라고 셋째 형에 대한 애정을 드러냈다.

이상만은 어렸을 때부터 춤과 노래에 재능이 있었는데, 그가 일곱 살 정도 되었을 무렵 마을에 가설 극단이 들어와 연극을 한 적이 있다. 어린 이상만은 스쳐 지나가듯 발레리나를 보게 되었고, 그 신비스러운 몸짓에 마

7) 송종건, 「초창기 국립발레단 주역무용수 이상만 인터뷰」

음을 빼앗겨 버렸다고 한다. 그는 이때를 이렇게 회상한다.

"여자 무용수가 턴을 하는 모습이 아직도 생생한데, 그게 아마 제 최초의 발레 관람이었을 겁니다. 그 후 여학교 학예회에 갔더니 발레를 공연하더군요. 요정이 춤추는 것처럼 환상적이었습니다. 청주에서 무용학원을 찾아다녔는데 발레학원이 없어서 배우지 못했죠. 청주 시내에는 한국무용이나 장구를 배우는 곳밖에 없었어요."[8]

주성중학교에 재학 당시 영화 〈카르멘(Carmen)〉을 보았는데, 파드되(Pas de deux)[9]에 푹 빠져 버리게 된다. 어린 소년의 작은 가슴이 아주 빠르게 방망이질해 댔을 걸 생각하니 풋풋하기만 하다. 그는 튀튀 의상에 매료되었고 그 후 춤을 춰 보고 싶다는 생각이 강하게 들었다.

이상만은 춤 외에도 여러 예능에 두루두루 재능이 있었다. 중·고등학교 재학 당시 특활 시간마다 미술부, 문학부, 음악부에서 서로 이상만을 데려가려고 했다. 그는 "저는 중·고등학교 때부터 피아노를 배웠답니다. 그 당시 청주에서 피아노를 치는 남학생은 저 혼자뿐이었던 것 같습니다."[10]라고 말했다. 고운 외모에 이것저것 두루 잘하는 이상만이 얼마나 인기 많았을지 짐작이 되었다.

---

8) 김예림, 「김예림이 만난 예술가들 - 이상만」, 『춤과 사람들』 2011년 1월호

9) 파드되(Pas de deux)는 남녀 2인을 위한 춤으로 '파드(Pas)'는 스텝, '되(deux)'는 불어로 2를 뜻한다. 프리미에르 당쇠즈와 당쇠르가 추는 최고의 춤은 '그랑파드되(grand pas de deux)'라 부른다(이찬주, 『춤-all that dance』, p. 323).

10) 송종건, 「초창기 국립발레단 주역무용수 이상만 인터뷰」

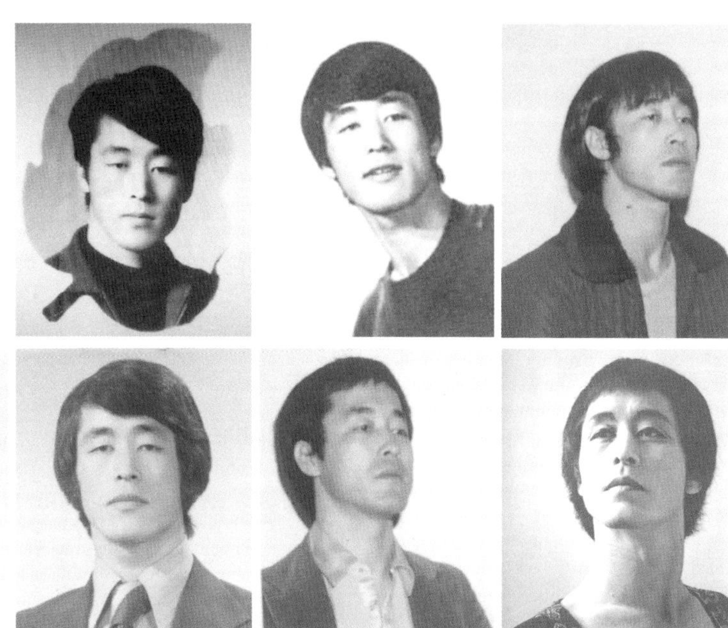

젊은 시절의 이상만

주성중학교 재학 당시 개인 음악 레슨을 받았는데, 부모님이 시켜서 했다기보다는 본인이 원해서 시작한 것이었다. 어려서부터 음악, 미술, 문학 등 여러 분야에서 두각을 드러낸 막내아들을 두고, 집안에서는 초등학교 선생님 감이라고 칭찬하기도 했다. 글짓기, 미술 대회에 나가면 늘 입상할 정도로 실력이 수준급이었고, 미술 대회가 정해지면 어느새 방 안은 이상만이 그린 그림으로 가득했다. 그는 노래도 곧잘 해서 청주 교도소에서 학교의 봉사활동으로 독창을 하기도 했다. 특기를 살려 성악으로 입시를 준비하기도 했으나 변성기를 맞으며 작곡으로 전공을 바꿨다.

그는 "고등학교 때 레슨을 김동진 선생께 받기 위해 서울로 수업을 다니기도 했습니다. 시골에서는 저 정도면 대단한 줄 알았습니다."고 말했다. 이상만은 고등학교 3학년 때 입시 준비를 위해 일주일에 한 번씩 상경해 〈가고파〉[11]로 유명한 김동진 선생에게 레슨을 받았다. 그는 부모님께서 종로구 청진동에 있는 김동진 선생에게 아들을 보내기 위해 얼마나 많은 쌀가마니를 내다 팔았을지 모르겠다고 했다. 재능 있는 아들을 일찌감치 알아보고 지원해 주려 노력한 부모의 마음이 느껴졌다.

이상만은 청주에서는 이름을 날렸지만 서울대 입시 시험을 치르며 내심 충격을 받고야 만다. 모차르트의 〈소나타(Sonatas)〉를 준비했던 그는 자기보다 앞선 순번의 학생이 〈소나타〉를 치는 소리를 듣고 보통이 아닌 솜씨에 적잖이 당황했던 모양이다. 가뜩이나 시골에서 올라와 기가 죽어 있었는데 결국 연습할 때 실력이 조금 모자랐던 부분을 틀리고 만 것이다. 지방에서 올라온 그를 교수진들이 배려하여 세 번의 기회를 더 주었으나 결국 입시 시험에서 낙방하고 말았다.

이상만은 입시 시험을 위해 닷새 정도 서울에서 머물렀는데, 서울역에서 지게꾼이 소개해 준 한국외국어대학교 근처 이문동의 한 집에서 잠시 하숙을 했다. 집주인은 서라벌예술고등학교에서 영어를 가르치던 교사로, 서울대학교 음대 입시 시험에 낙방하고 포기하고 있던 그에게 서라벌예술대학의 시험 일정을 알려 주었다. 이상만은 작곡가 나운영[12] 선생에게 음

---

11) 김동진(1913~2009)은 1933년 평양의 숭실전문학교 학생 시절 〈가고파〉를 작곡하였다. 노랫말의 시작은 "내 고향 남쪽 바다, 그 파란 물 눈에 보이네. 꿈엔들 잊으리오."로 광복 후에 발표되어 널리 알려진다. 김동진은 〈봄이 오면〉(1931)과 〈가고파〉(1933) 등으로 한국 가곡사에 뚜렷한 자취를 남겼다(두산백과).

12) 나운영(1922~1993)은 서울 중앙중학교를 거쳐 일본 제국고등음악학교를 졸업하고 귀국 후 작곡 활동을 해오다가 1952년 이화여자대학교 전임강사, 같은 해 현대음악협회장에 취임하였다. 1955년부터 1966년까지 연세대학교 음대 교수로 있었으며, 1973년에는 음대 학장이 되었다. 또 같은 해 한국민속음악박물관(청주) 관장이 되었다. 한국성음악협회장에 취임하여 음악 발전에 공헌하였다. 저서에 『화성학』, 『작곡법』, 『연주법원론』, 『현대화성론』 등이 있으며, 작품으로는 교향곡·피아노협주곡 등이 있다. 이외에 가곡 〈접동새〉, 〈달밤〉, 성가독창곡 〈여호와는 나의 목자이시니〉 등이 있다(두산백과).

악레슨을 받고 서라벌예대 입시시험을 치른 뒤 합격하게 된다. 당시 이상만은 "내가 잘했던 건 아니고 쉽게 다들 붙었고 나도 들어가게 되었다."고 겸손히 덧붙였다.

2. 춤 수학기: 청년, 춤을 품다

서라벌예술대학 건물에서 음대는 4층을, 무용과는 3층을 썼다. 이상만은 같은 건물 3층에서 무용하는 것을 발견하고는 뛰는 가슴을 주체하지 못했다. 주성중학교 때 영화 〈카르멘〉에서 본 장면이 다시 눈앞에 펼쳐지는 듯했다. 음대 강의실에서 내려다보면 3층의 무용 수업을 엿볼 수 있었는데, 자꾸 강의실을 훔쳐보던 이상만을 발견한 무용과 김백봉 교수가 따로 그를 불러내기도 했다. 김백봉 교수는 이상만이 여학생들을 훔쳐본다고 생각하고 이것저것 꼬치꼬치 캐물었는데, 이상만의 진심을 어느 정도 파악하고는 "너 무용하려면 허리를 쭉 펴야 한다. 그리고 전과할 수 있으니 전과해라."고 말했다고 한다. 이에 이상만은 입학 한 달 만에 무용과로 전과를 했다.

> *"3월에 입학해서 5월에 전과를 했어요. 첫 발레 수업이 끝나고는 제대로 걷기도 힘들었어요. 그러나 내 자리에 온 것 같은 행복감이 들었습니다. 전과 후 6개월 만에 〈알함브라 궁전(Alhambra)〉을 공연했는데, 춤이 너무 좋아서 내가 아는 모든 동작을 동원해서 만든 안무 데뷔작이었어요. '사랑의 비극'이라는 나름대로의 줄거리도 있었는데*

1. 서라벌예대 무용과 졸업발표회, 이세종 이사장·임동권 학장·은방초·안제승·한영숙·송범·김백봉·김이주·이운철·국수호·이득효·이상만 외
2. 송범무용연구소(1960년대 서울 필동 소재), 황창호·김인주

반응이 좋아서 졸업발표회 때도 이 작품을 공연했습니다."[13]

그는 자신의 발레 수업과 첫 공연작에 대해 이같이 회상했다. 이상만의 스무 살은 본격적으로 발레를 배우고, 발레 연습에만 매진하던 순수의 시

13) 김예림, 「김예림이 만난 예술가들 – 이상만」

1. 〈백조의 호수〉(1969), 김학자·이동복·서정자[서유경]
2. 국립발레단(1970), 김학자·김명순 외

절이었다.

한국무용은 한영숙, 은방초, 김백봉 선생에게서 배웠고, 발레는 송범[14], 주리[15] 선생에게서, 그리고 현대무용은 미나유 조교(현재 한국예술종합학교 무용원 교수)에게서 배웠다. 이상만이 1학년이었을 때 국수호[16], 지희영 선생은 2학년이었고 이득효와는 같은 1학년으로 이들과 함께 한국무용과 발레, 현대무용을 배웠다.[17] 특히 지희영 선생(현재 강원도립무용단 단장)과

14) 송범(1926~2007)은 20세기 중반에 활동했던 한국무용가로서 선두에 섰던 인물 중 하나이다. 그는 30여 년간 국립무용단 단장을 지내고 중앙대학교 교수를 역임하며 많은 제자들을 양성했다. 그는 창작 무용극 형식의 실험을 통해 한국무용에 새로운 형식의 기틀을 만드는 데 일조하였다.

15) 주리(1927~)는 진수방의 제자로 오랜 기간 송범과 호흡을 맞추었다. 1962년 국립무용단이 창단되어 임성남이 단장, 송범이 부단장을 맡았을 당시 주리는 〈푸른 도포〉(1964), 〈무희 타이쓰〉(1965) 등을 안무한 국립무용단 최초의 여성 발레안무가이다. 한국인 최초 외무성 장학생으로 스페인왕실학교를 졸업하였고, 현재 스페인무용위원회 유네스코 회원으로 활동하고 있다.

16) 국수호는 정형인, 박금슬, 김천흥, 한영숙, 은방초, 송범, 이매방 등 최고의 춤꾼들로부터 춤을 익혔다. 1973년 국립무용단에 국내 최초 직업 남성 춤꾼으로서 입단 당시부터 주목을 받았다. 중앙대학교교수, 국립무용단 단장 등을 지냈으며 1987년 디딤무용단을 창단하여 오랜 기간 활동했음에도 불구하고 지속적으로 신작을 발표하며 춤계의 선두에 서 있다.

17) 국수호 인터뷰, 2018. 10. 22.

1. 명동예술극장(구 시공관)
2. 국립극장

는 함께 자취 생활을 하기도 했다.

그는 1968년 송범발레연구소를 다니며 2년 동안 레슨도 매일같이 하여 실력이 일취월장할 수 있었다. 그는 연습실에서 거의 매일 살다시피 했고 집에 늦게 들어가는 날이 많아질수록 실력은 몰라보게 향상되었다. 그의 삶 전체가 무용 연습에만 매달리던 시절이었다. 한영숙 선생은 이상만에게 "너는 이태리 병정처럼 생겼기 때문에 발레를 해야 돼."라고 말했고, 그 때부터 그의 별명은 '이태리 병정'이 되었다.

중학생 때부터 발레에 매료되었던 이상만은 한양대 무용과에 편입하여 서정자[18] 교수 밑에서 발레를 배우게 된다. 하지만 아쉽게도 일주일에 한

18) 서정자는 동아콩쿠르에서 금상을 수상한 뒤 일본과 독일에서 유학했으며 귀국 후 서정자 물이랑발레단을 이끌었다. 일찍이 1962년 국립무용단 발레단원을 거쳐 수많은 국내외 창작공연을 해 왔으며 30여 년간 대학 교육 현장에서 제자들을 양성하였다. 국내외 심사위원으로 위촉받아 활동했으며 꾸준한 저술 작업으로

1. 〈지귀의 꿈〉(1974) 김창구 극장장 · 김명순 · 김지수 · 김성일 · 황창호 · 이상만 외
2. 〈공기의 정〉(1975) 이상만 · 김명순 · 김창구 극장장 · 김학자 · 김성일 · 신호웅 · 이득효

번 정도밖에 레슨을 받지 못하였다. 그래서 그는 1970년 서울 정동에 있던 서울예술중 · 고등학교에서 발레를 가르치던 임성남 선생의 연구실에 다니며 학교 수업이 끝난 뒤에는 그곳에서 발레 레슨을 받았다. 당시 그의 나이 스물두 살이었고 임성남 선생의 개인 발레단에서 〈오줌싸개의 향연〉

『발레마임-제스츄어의 이론과 실제』, 『발레 안무법』, 『서양무용 예술사』 외에 발레와 무용 관련 저서 10권을 남겼다. 1990년 5월 한국 발레하우스를 설립하고 한국 무용 발전에 기여하고 있다.

(1972)에 이동우와 함께 출연하게 된다. 그리고 〈피아노콘체르토 1번, Ⅱ(Piano Concerto No 1, Ⅱ)〉(1970), 〈카르멘〉(1976)으로도 무대에 올랐다.

이상만은 이때 임성남[19] 선생의 연구실에 다니며 국립무용단과 인연을 맺기 시작했다. 국립발레단이 출범하기 전까지는 국립무용단에서 발레도 함께 공연했다. 1972년 그가 한양대학교 4학년 재학 당시에는 현재 명동 예술극장(구 시공관)의 국립무용단에서 발레리노로서 활동했고, 이듬해 터를 잡아 국립발레단이 장충동으로 이동해 새로운 시대를 열었다. 1973년 국립발레단이 정식적으로 출범하게 되면서는 국립발레단 1기로서 활동했다. 그때 임성남 개인 발레단은 이상만을 주역으로 마지막으로 문을 닫게 되었고 그는 그해 한양대 무용과 대학원을 졸업했다.

제13회 정기공연은 독립된 국립발레단으로서의 공연이었다. 전문 남자 무용수가 없던 시절, 이상만은 20대 중반의 실력 있는 남자 무용수였다. 그러나 그는 어리다는 이유로 주역을 맡지는 못하였다. 하지만 제14회 정기공연 〈지귀의 꿈〉(1974) 등에서 김창구[20] 극장장이 우연히 이상만의 공연을 보고서는 그를 눈여겨보고 주역으로 발탁하는 데 일조를 하게 된다. 그로 인해 이상만은 국립발레단에 주역으로 무대에 오를 수 있게 되었다.

1973년 국립극장이 본거지를 남산으로 옮긴 뒤 본격적으로 주역으로 발

---

19) 임성남(1929~2002)은 1947년 전주사범학교를 졸업하고 한동인발레단에서 활동하다가 한국전쟁이 발발하자 일본으로 건너가 핫도리시마다발레단에 입단했다. 1953년 일본의 젊은 발레 무용수들이 새롭게 창단한 도쿄청년발레단의 공연 작품 〈백조의 호수(Swan Lake)〉에서 주역인 지그프리트 왕자 역을 맡았다. 그리고 그해 귀국해 한국 발레 교육에 앞장섰다. 임성남발레단을 설립하였고 1972년부터 30년 동안은 국립발레단 단장을 역임하며 수많은 작품을 남겼다(한민족대백과사전).

20) 김창구(? ~2004)는 서울대학교 음대를 졸업하고 KBS음악계장, KBS대구방송국장을 거쳐서 국립극장장을 지냈다. KBS 시절에는 KBS교향악단으로 출범에 큰 역할을 하였고, 국립극장이 1962년 문화공보부로 이관되면서 3대 극장장으로 임명되었다. 그 외에 한국음악협회 부회장, 서울대학교 음악대학총동문회장 등을 맡아 활동하였다.

1. 〈코펠리아〉(1976) 이상만 · 지경자
2. 〈카르멘〉(1976) 이상만 · 진수인
3. 〈카르멘〉, 〈지젤〉 공연 후(1976), 진수인 · 김학자 · 박해련 · 이득효 · 이상만

1. 백성규
2. 〈지젤〉(1975), 이상만 · 김학자
3. 〈지젤〉 공연 후(1975), 진수인 · 김성일 · 김학자 · 이상만 · 김종훈 · 안승희 · 최혜자
4. 〈코펠리아〉 당시 국립극장 분장실 앞(1976), 이상만 · 임성남

탁되면서 활발히 공연을 시작하였다. 1975년 당시에는 국립발레단 〈지젤〉에서 김학자와 주역을 하였고, 1976년에는 〈코펠리아(Coppelia)〉에서 프란츠(Franz) 역을 맡아 지경자와 호흡을 맞추었다. 또한 그는 1976년 〈카르멘〉에서 진수인과 함께 대극장에 올라 주목을 받았다. 그는 임성남 선생의 후발주자로 무대에 우뚝 서기 위해 노력을 쏟아부었다.

이상만이 열연한 〈지젤〉을 본 이순열 비평가는 이렇게 말했다.

"이번 공연에서 필자를 놀라게 한 것은 이상만의 발전이었다. 남성 무용수의 부재가 너무 통감되고 있었던 탓이기도 하겠지만 그의 무용은 금년 들어 처음으로 감동을 맛보게 해 주었다. 그가 동작을 할 때마다 아슬아슬한 불안감을 맛보게 해 주었지만 몸의 탄력성이 놀라웠고 다른 남성 무용수들이 360도도 안 되는 뚜르 앙 레르(tour en air)에 있어서도 그는 2회전을 우아한 동작으로 성취할 수 있었다."[21]

그는 국립발레단 남자 단원 중에서 유일하게 뚜르 앙 레르를 양쪽으로 돌 수 있었던 이유를 자신이 왼손잡이라서 그랬던 것 같다고 덧붙였다. 김순정(성신여대 교수)은 이상만 선생을 처음 본 게 중학교 때였는데 〈지젤〉(1975), 〈코펠리아〉(1976), 〈카르멘〉(1976) 중 가장 기억에 남는 것이 〈카르멘〉이라고 말했다. "선생님은 검은 타이즈를 입고 정형화된 발레의 틀을 깨고 열정적인 호세 역을 온몸으로 표현해 냈다."고 말하며 이어 "〈지젤〉이나 〈코펠리아〉에서만 보았던 선생님이 아닌 것을 느낄 수 있었다."[22]고 이상만의 무대에서의 모습을 떠올렸다.

국립발레단 창단 초창기는 우리나라에 발레가 막 싹트던 시기였다. 여러 가지 어려운 여건에서도 단원 모두가 한마음으로 무용을 갈망했다. 당시 월급은 약 6~7만 원밖에 되지 않았지만 다들 너무나 행복했었다고 이상만은 말했다. 강숙현, 최혜자, 박해련 등 여자 단원들과 함께 밥을 지어

---

21) 이순열, 「큰 기대에 비해 공허감」, 『월간 춤』 1977년 2월호, p. 78

22) 김순정, 「끝없는 모색과 실천」 『제4회 학술세미나 – 무대 위의 불꽃 이상만』, 2018. 4. 24. 송범춤사업회

1. 로열발레단(1975)
2. 로열발레단(1978)

예술의 극치를 보여준 「로열 발레」단의 내한 첫 날의 공연…「잠자는 숲속의 미녀」의 한장면.

잊을수없는感動-無我境 3時間

1

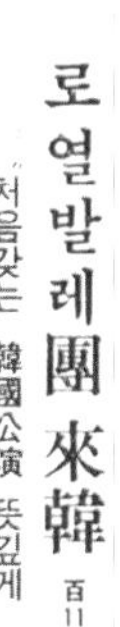

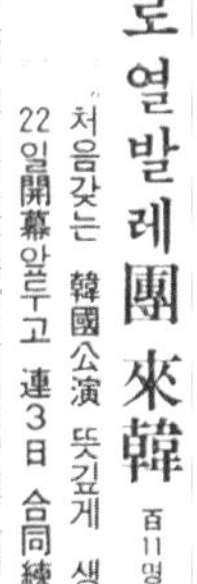

로열발레團來韓 百11명

"처음갖는 韓國公演 뜻깊게 생각"

22일開幕앞두고 連3日 合同練習

3일간의 한국공연을 위해 18일밤 내한한 영국의 로열 발레단원들이 트랩을 내려서고있다.

2

英로열발레團공연

人間으로서는 最高峰 더 잘 출수없는 無我境

무용評 洪禎禧

精巧하기 이를데 없는 앙상블 치밀성과 서정적 詩感에 感動

全幕가아닌 斷片的公演에 아쉬움이…

3

4

1. 「잊을 수 없는 감동, 무아경 3시간」 동아일보 1975. 4. 23.3.
2. 「로열발레단 내한 111명」 동아일보 1975. 4. 19.
3. 「인간으로서는 최고봉」 동아일보 1975. 4. 30.
4. 〈백조의 호수〉(1975)

먹으며 연습했던 시절이 떠오른다고도 했다. 김학자[23] 선생이 지도위원으로 있었을 때 발레 연습실에서 김치 냄새가 난다고 말하던 것도 기억난다

23) 김학자는 이화여자대학교 사학과와 경희대학교 무용전공으로 석사를 마쳤다. 1962년부터 1990년까지 국립발레단에서 주역무용수로, 1975년부터 1979년까지 지도위원으로 활동했다. 서울예대 무용과 교수를 거쳐 한성대학교 교수로 재직하였다. (사)한국발레협회 회장, 국립발레단 이사, 국립발레단 부설아카데미 교장을 지냈으며 현재 대한민국예술원 회원이다(문체부 문화데이터광장).

이상만 · 김종훈

고 했다.[24]

또 "김명순 선생(전 국립발레단 프리마 발레리나)과 잘 맞았던 것 같은데 단장이시며 스승이었던 임성남 선생께서 다른 사람과 파트너를 하게 될 때는 조금 서운하기도 했지요."라며 당시 단원들과 돈독했던 사이를 들려주기도 했다. 이상만은 일본에 있던 백성규[25] 선생이 귀국하여 〈코펠리아〉(1976)를 안무할 때와 〈지젤〉(1975)의 한국 초연에 주역을 맡았던 일을 가장 기억에 남는 일로 꼽기도 했다.

24) 송종건, 「초창기 국립발레단 주역무용수 이상만 인터뷰」

25) 백성규(시마다 히로시, 1919~2013)는 전북 익산 출신으로 사립 휘문고등보통학교를 졸업하고 연희전문학교 재학 중 일본 도쿄로 건너가 러시아 황실발레단 출신 엘레나 파블로바 문하에서 발레를 배웠다. 핫도리시마다발레단을 창단, 일본 발레 부흥에 기여했다. 한국 발레의 기틀을 다진 임성남 초대 국립발레단장의 스승이며 일본 패망 직후인 1946년에 기획하고 출연한 〈백조의 호수〉는 일본 발레사 최초의 전막 공연이었다. 일본발레협회 회장을 역임했다(『연합뉴스』, 2014. 8. 5.).

1. 이상만
2. 국립극장, 이상만

당시 국립발레단은 클래식 발레에 대한 경험이 부족하였기 때문에 작품에 대한 완성도가 높은 편은 아니었다. 국립발레단은 전통 클래식발레의 전막을 처음 도전하는 시기였기에 단원 모두가 테크닉에 몰두하느라 스토리에 표현적 감성까지 배워 가는 힘은 부족했다. 또한 국립발레단은 단원들이 콩쿠르에 참가하는 것을 금지할 만큼 엄격했다. 이상만이 한국에서 절정을 맞이한 순간에 미국행을 결심한 데는 이런 이유도 있었다. 국립발레단에서 약 5년 동안 주역을 맡고 나니 슬슬 테크닉의 한계를 느끼게 되었다.

그는 해외 발레단의 내한공연이 매우 귀한 시절, 영국의 로열발레단(The Royal ballet)과 일본의 도쿄시티발레단(The Tokyo city ballet)의 내한공연을

1~2. 국립극장, 최혜자 · 김종훈 · 이상만 외
3. 국립발레단, 김학자 · 이상만 · 최혜자
4. 국립극장소극장, 국수호 · 유보득 · 진수인 · 임성남 · 조택원 · 김학자 · 김명순 · 송갑회 · 임연주 · 김성일 · 이득효 · 이상만 · 나형돈 · 정재만 외

보고 세련된 움직임에 매우 놀랐다.[26] 당시 미군 부대 등에서 흘러나와 명동에서 팔리고 있던 『댄스 매거진(Dance Magazine)』을 사서 본 다음부터 더 넓은 세상에 대한 갈망이 커졌다. 그는 현재의 성공에 머무르려 하지 않았고, 소니 카메라를 구입해 자신의 〈지젤〉을 녹화해서 5개국에 보내게 된

26) 춤추는 거미, 『한국의 조지 발란신을 꿈꾸는 안무가, 이상만』, 2010. 3. 26.

외국생활 이상만

다. 독일, 영국, 미국, 스위스, 러시아에 녹화 테이프를 보내면서 장학금을 꼭 받고 싶다는 당찬 코멘트도 함께 남겼다.

그리고 그중 미국의 한 예술학교에서 그에게 연락해 왔다.

미국 국립 일리노이주 예술학교(The National Academy of Arts, Illinois)에서 걸려온 전화였다. 하지만 이상만은 곧장 바로 미국으로 갈 수 없는 사정이 있었다. 당시 한국은 서른 살이 넘어야 외국으로 갈 수 있는 법이 있었고, 이상만은 스물아홉이었기 때문이었다. 그는 미국 학교 측에 연락을 해서 1년만 기다려 달라고 사정사정을 하며 요청했고, 다행히도 학교 측에서는 이를 수락했다.

이상만은 미국행을 확정한 뒤 백성규 선생에게 상의를 했다. 선생은 외국에 가면 힘들 것이라고 얘기했으나 그는 망해도 외국으로 가고 싶다고

1. 뉴욕
2~3. 이상만

4. 루돌프 누레예프

말한 뒤 떠났다. 사실 그는 서라벌예술대학 재학 당시 무리하게 연습하다가 허리를 다친 적이 있었고, 수술을 받았지만 결과가 좋지 않아 군 면제를 받을 정도였다. 하지만 그에게는 어떤 것도 장애가 될 순 없었다. 꿈에 대한 열정과 자신에 대한 확신은 모든 불가능한 것을 가능케 할 힘이 있었다.

하지만 불행히도 비행기 표를 살 돈이 없어 꿈이 좌절되는 듯했으나, 한국홀트재단에서 일을 도우며 1977년 2월, 드디어 미국행 비행기에 몸을 실을 수 있었다. 이상만은 서른 살이 되어 일리노이주 예술학교에 입학했으며 3년 장학금과 기숙사를 지원받았다. 일리노이주 예술학교는 큰 규모를 자랑했고 링컨센터 같은 대형공연장도 있었다. 그가 상상하던 모든 것이 그곳에 다 있었다.

마고트 폰테인(Margot Fonteyn) 같은 전설적인 무용인도 만나 볼 수 있었고, 클래식 발레인 〈지젤〉의 맛을 그대로 살려 내는 발레뤼스(Ballets Russes) 출신의 나탈리 크로사브스카에게서도 발레를 배울 수 있었다. 그리고 미셸 포킨(Michel Fokine)의 아들인 비탈리 포킨(Vitale Fokine)으로부터 발레를 배우기도 했는데, 최고의 클래식주의자이며 정적인 사람이었던 그가 다른 학생들에게 '이상만처럼 하라'고 주문할 때는 정말 날아갈 뻔했다고 한다. 그는 마치 팔팔 끓는 용광로처럼 세계 각국의 뛰어난 발레 기법을 한데 녹여 낸 다음 자신만의 발레를 만들어 내듯 쉴 새 없이 담금질했다.[27]

미국 일리노이주 예술학교 생활을 차분히 해나가던 이상만에게 뜻하지 않은 행운이 찾아왔다. 수업 참관을 하러 온 일리노이 발레단(National Ballet Illinois) 예술 감독의 눈에 띄어 학교생활 4개월 만에 직업무용수로서의 길을 걷게 되는 행운을 거머쥐게 된 것이다.

"저는 그때 서른 살이었는데 미국 사람들은 저를 20대 초반으로 생각했습니다. 어느 날 우연히 일리노이 발레단의 디렉터가 발레 클래

---

27) 김명순은 수도여자사범대학을 졸업하고 국립발레단 제1호 수석무용수로 활동했으며 1985년 제1회 리(Lee)발레단 창단멤버이기도 하다. 1978년 제1회 문예진흥원 후원으로 국비유학을 떠났으며 그 후 돌아와 국립발레단 부지도위원을 거쳐 애지회회장, 호산나선교발레단회장 등을 지냈다. 현재 발레협회 부회장 및 스페인무용협회 부회장을 역임하고 있다.

스를 참관하다가 저를 전격으로 스카우트한 것입니다. 서양인들 사이에 동양인은 저 하나였습니다."

그는 당시를 회상하며 이렇게 말했다. 일리노이 국립발레단 측은 이상만에게 영주권을 취득할 수 있도록 하겠다고 제안했는데, 그는 영주권을 받으면 영원히 미국에 거주해야 하는 것으로 오해하고 영주권을 거부했다.[28] 어쨌든 발레단에 발탁된 그는 3년 정도 미국 전역을 다니며 투어 공연을 했다. 솔리스트로 〈호두까기인형(The Nutcracker)〉, 〈레이몬다(Raymonda)〉 등 많은 공연에서 주역을 하며 보람차게 하루하루를 보냈다. 이상만은 그의 인생 중 가장 행복했던 시기로 이때를 추억하기도 했다.

일리노이 발레단은 여러 지역으로 순회공연을 다녔는데, 미국은 땅이 넓어 오랜 시간 버스를 타고 이동하는 일이 잦았다. 덜컹거리는 버스에서 오랜 시간 앉아 있다 보니 허리 병이 다시 재발했다. 그래서 파드되에서 여성 무용수를 들어 올리는 리프트(lift) 동작이 점점 힘에 부치기 시작했다. 그는 일리노이 발레단에서 3년 정도 활동하다가 본거지를 뉴욕으로 옮기게 된다. 뉴욕으로 간 이유는 자신의 발레를 좀 더 발전시키고 싶은 마음 때문이었다.

하지만 막상 뉴욕에 도착하니 아메리칸발레시어터(ABT, American Ballet Theatre)나 뉴욕시티발레단(NYCB, New York City Ballet) 말고는 발레로써 먹고 사는 것이 쉽지 않다는 걸 자각하게 되었다. 그는 독립 발레단에서 공연 수당만 받으며 근무했고, 그 시간 외에는 허리를 치료하거나 식당에서 아르바이트를 하며 생계를 유지해 갔다. 이상만이 타지에서 가장 고생했던 시기

---

28) 송종건, 「초창기 국립발레단 주역무용수 이상만 인터뷰」

시카고

였다. 그래도 그는 "영어를 곧잘 했기에 동양인이지만 아르바이트를 하면서 요령이 생겨서 남들보다 두 배로 더 많은 팁을 받았어요."[29]라고 했다. 뉴욕에서 새벽 2~3시까지 웨이터로 일하고 아침 9시부터는 발레 수업을 했다. 그런데도 한 번도 그 순간이 고생스럽다고 생각해 본 적이 없다고 한다.

이상만은 그 당시 아메리칸발레시어터나 뉴욕시티발레단 공연들은 레퍼토리를 외울 정도로 보고 또 보았다. 뉴욕시티발레단의 수잔 파렐(Suzanne Farrell)과 쿠바 출신의 알렉시아 알폰소 등은 감동 그 자체였고, 아메리칸발레시어터가 알렉시아 알폰소를 객원 주역무용수로 하여 시카고에서 〈백조의 호수(Swan Lake)〉를 공연한다는 소식을 듣고 버스를 타고 가서 보기도 했다.

29) 서정자 인터뷰, 2018. 10. 17.

여담으로 알폰소는 이 공연을 할 때 50세였는데 그 모습이 정말 백조 같았다고 이상만은 기억하고 있었다. 알폰소는 60세가 넘어서까지도 〈지젤〉의 주역을 했다고 한다. 이상만은 그들의 움직임이 단순한 동작 이상이며 영혼이 깃들어져 있다고 느꼈다고 한다. 무용수들은 아라베스크 하나를 하더라도 배우가 연기하듯 감정이 담긴 움직임을 선보였다. 그들은 단순히 무용가가 아닌 예술가의 반열에 오른 것이었다.

이상만은 우선 아메리칸발레시어터의 부속 스쿨에 등록하여 자기 자신의 예술의 폭을 넓혀 나갔다. 당시 미하일 바리시니코프(Mikhail Baryshnikov)[30]나 나탈리아 마카로바(Natalia Makarova)[31] 등과 함께 클래스를 하기도 했다. 그리고 뉴욕 콘서바토리 오브 댄스(New York Conservatory of Dance)에서 발레뤼스 당시 〈봄의 제전(Rite of Spring)〉의 주역을 한 블라디미르 도크로브스키(Vladimir Dokoudovsky) 선생에게도 춤을 배웠다. 예술에 대한 열정과 인격을 함께 갖춘 진정한 의미의 스승이었다. 그리고 뉴욕시티발레단 단원들이 연습을 많이 하고 있던 웨스트 사이드 발레학교(West Side Ballet School)에서 루돌프 누레예프(Rudolf Nureyev) 등과도 함께 연습을 했다.

---

30) 미하일 바리시니코프(1948~)는 12세에 발레를 시작하여 1964년 러시아 레닌그라드(현 상트페테르부르크) 바가노바 아카데미에 들어가자마자 바르나 국제 콩쿠르 주니어 부분에서 최고상을 받을 정도로 두각을 나타냈다. 1967년 키로프발레단에서 활동하다가 미국으로 망명하였다. 그 후 아메리칸발레시어터에서 활약하였고 다른 무용수들보다 작은 키를 가졌지만 높이 뛰는 점프력이 탁월하며 발레 테크닉뿐 아니라 표현력에 있어서도 탁월하다(두산백과).

31) 나탈리아 마카로바(1940~)는 러시아 출신의 발레리나이다. 키로프발레단에 입단한 뒤 영국 런던 공연 중 서방세계로 망명했다. 그 후 로열발레단과 아메리칸발레시어터에서 활동했으며, 런던페스티벌발레단의 공연에 제작자로 참여하기도 했다. 그녀는 섬세하고 서정적인 로맨틱 발레의 실력자로 인정받았고, 나아가 기존 로맨틱 발레의 혁신자로 평가받았다(세계무용사전).

Florecer Primaveral 다운타운 발레단

하지만 뉴욕 생활이 늘 좋았던 것만은 아니었다. 허리가 완전히 낫지 않았던 8개월 동안 이상만은 절망에 빠지기도 했다. 그런데 마침 뉴욕에는 누워서 발레를 할 수 있게 하는 제나 로맷 플로어-바(Zena Rommett Floor-barre)[32] 클래스(Class)가 있었고 이곳에서 부상을 치료하며 재기의 발판을 마련할 수 있었다. 그 후 이상만은 뉴욕다운타운발레단(N.Y. Downtown Ballet)과 사우젠랜드발레단(Thousend Island Ballet) 등의 객원주역무용수로 활약하기도 하고 가르치기도 하며 뉴욕에서 쉼 없이 자신을

32) '제나 로맷 플로어-바'는 바닥에서 발레를 하여 유연성을 촉진하는 것으로 무용수, 운동선수의 부상이나 노인을 포함한 부드러운 움직임의 수업이다.

발전시키는 데 집중했다. 그는 늘 채울 수 없는 목마름을 느끼며 무대와 춤을 갈구했다.

3. 결혼 생활: 뉴욕에서 한국까지

이상만은 서른여섯까지 결혼도 하지 않고 뉴욕에서 발레에만 집중했다. 집에서는 막내아들에게 서둘러 결혼하라고 늘 성화였다. 그러다 뜻하지 않은 상황에서 인연을 만나게 되었다. 뉴욕 맨해튼의 프레스비테런(Presbyterian) 병원에는 작은형의 딸(이혜정)이 간호사로 근무하고 있었다. 이상만이 추천하여 한국에서 미국으로 건너온 것이다. 조카는 삼촌을 결혼시키려 중개에 나섰는데, 막냇삼촌이 식중독에 심하게 걸려 자신이 병원에 입원했을 때 상사인 김영희를 소개했다.

이상만은 병원에 입원할 정도로 심하게 아팠던 자신을 성심껏 돌봐 준 그 여성을 찬찬히 만나 보고 싶단 생각을 했다. 그리고 만난 지 몇 개월 만에 두 사람은 결혼을 결심하게 된다. 이상만은 아픈 자신을 돌봐 주니까 아내가 더 예뻐 보였다고 당시를 떠올렸다. 결혼은 일사천리로 진행되었고 한국에서는 가족을 대표하여 둘째 형과 셋째 형, 형수들이 뉴욕까지 와서 이것저것 챙겨 주었다. 이상만은 무용을 하고 그의 아내는 뉴욕에서 간호사 일을 했다.

이상만은 아내와의 사이에서 2남 1녀를 두었다. 음악가 중 멘델스존을 유난히 좋아했던 그는 첫아들을 얻자 이은호-멘델(Mendel)로 이름을 지어 주었다. 그리고 둘째 아들에게는 이수현-델손(Delssohn)으로, 1995년 5월에

1. 외국 발레단과 함께
2. 외국 생활

얻은 막내딸에게는 이영란-릴리(lily)라는 이름을 지어 주었다. 백합(lily)은 발레 〈지젤〉의 숭고함을 나타내는 주인공 지젤 그 자체를 상징한다.

아내와 아이들과 행복한 한때를 보내던 이상만은 아버지가 위독하다는

1. 외국발레단 단원들과
2. 뉴욕

연락을 받고 곧장 한국으로 돌아온다. 그렇게 좋아했던 뉴욕에서의 삶을 포기하고 가족과 함께 한국행 비행기에 몸을 실었다. 뉴욕에서 운영하던 '리(Lee)무용학원'은 팔지 않고 친한 사람에게 양도했는데, 이 때문에 작은 형한테 크게 혼나기도 했다. 이상만은 경제적으로 사리가 밝은 사람은 못 되었다. 그는 고향 괴산에서 6개월 남짓 머물며 아버지의 임종을 지켰다.

아버지가 세상을 떠난 뒤 그는 서울 수서동 삼익아파트로 거처를 옮겼다. 그때가 큰아들 은호-멘델이 5살, 수현-델슨이 4살, 영란-릴리가 2살 되던 해였다. 이상만은 자녀들의 이름을 음악가로 지을 만큼 음악 감상에 매료되어 있었다. 그가 살던 아파트 베란다는 클래식음악 테이프와 CD로 가득 채워져 있었다. 음반을 모으고 듣는 것이 그의 취미였고, 음악은 늘 그를 행복하게 만들어 주었다. 하지만 밤늦게까지 음악을 들으면 아이들이 잠에서 깰까 봐 이렇게 즐거운 취미 생활도 늘 주말에만 가능했다. 베란다는 그가 취미 생활을 하는 장소이자 훌륭한 작업 공간이 되어 주었

1. 뉴욕에서
2. 리발레 무용학원
3. 이상만 생가(괴산)

1. 이상만
2. 의상 작업 중인 이상만

다. 이상만은 베란다 한쪽에 재봉틀을 두고 발레 의상을 손수 만들었다. 리(Lee)발레단의 튀튀부터 드레스까지 모든 의상을 직접 제작해 무용수들에게 입혔다.

이상만이 한국에서 창단한 첫 '리(Lee)발레단'은 서울시 서초구 역삼동에 꾸려졌다. 한국에 아이들이 있을 때는 은호, 수현, 영란을 일주일에 한 번씩 발레학원에 보냈다. 큰아들 은호는 이상만이 안무한 〈무녀도〉에서 무당(박경희扮)의 아들로 카메오 출연을 하기도 했다. 무당 역의 박경희가 산고 끝에 아이를 낳았고 조금 자란 그 아이가 무대에서 걸어가는 역할이었다. 아빠를 닮아서인지 은호는 끼가 많았고 그 역할을 무리 없이 잘해냈다.

1999년 초 역삼동에서 3년간 발레학원을 운영하다가 비싼 월세 탓에 교대역 근처로 학원[33]을 옮겼다. 이상만은 학원을 운영하는 데 어려움을 자주 느꼈다. 학원은 학생들이 시험에 합격할 수 있도록 입시 위주로 교육

33) 서울시 서초구 1695-12 단우빌딩

〈무녀도〉(1999) 이상만 · 이은호 · 박경희

해야 하는데, 춤을 있는 그대로 사랑하고 창작하는 데 집중한 이상만에게는 그런 일들이 익숙하지 않았기 때문이다. 하지만 운영이 쉽든 쉽지 않든 그는 학원 관리비와 월세를 매달 충당해야만 했다. 그러는 와중에도 그는 작품 창작에만 몰두하고 싶은 마음이 컸다.

한국에서 이상만은 아이들과 손잡고 공연 보러 가는 것을 유독 좋아했다. 아이들에게는 자상한 편이라서 자신이 평소에 잘하는 고구마맛탕도 자주 만들어 주었다. 그는 유난히 아이스크림을 좋아해서 퇴근 후에는 하겐다즈(Haagen-Dazs)나 배스킨라빈스(Baskinrobbins) 아이스크림을 먹으며 음악 감상을 즐겼다. 이상만에게 아이들만큼이나 아내 김영희도 소중한 존재였다. 그는 "워낙 무용하는 아름다운 사람들을 많이 봐서 외모는 외적으로 최고라고 할 순 없다. 아내는 몸은 조그맣지만 정말 지혜롭고 마음이 넓어서 나한테 도움이 되는 여성이었다. 특히 내 공연을 보고 정확히 평을 하곤 했다."고 아내에 대해 자랑스럽게 말했다.

1~2. 뉴욕에서
3. 뉴저지

그의 아내는 이상만을 기억하며 "인상을 쓰고 집에 들어오면 오늘 뭔가 밖에서 일이 잘 안 풀렸구나 싶었다. 남편이 기분이 안 좋을 땐 좋아하던 과일을 내놓고 얼른 방에 들어갔다."[34]고 말했다. 부부이니 표정만 봐도 금방 알아챌 수 있었을 것이다. 이상만은 아내가 대화를 하지 않으려고 하면 "왜 또 말을 안 하냐."고 싸움을 벌이기도 했다. 그때마다 아내가 참 힘들어했었는데 이상만은 '내 아내 같은 사람이 없다. 이런 사람이 어디 또 있을까. 나에게 잘해 주고 있는 사람이다.'라는 생각을 끊임없이 하며 자신을 타일렀다고 한다. 이상만은 "나한테 도움이 되는 여성인가 하고 살아 보니 정말 도움이 되었다."고 아내에 대해 말했다.

하지만 이상만이 대학 교수직에 지원했다가 떨어지고, 발레단 예술 감독 자리에도 오르지 못하면서 2년간 힘든 생활을 하며 가족 모두가 살기 어려워졌다. 그의 아내는 이상만이 대학 교수에 지원했다 떨어진 날 바로 친구에게 전화를 걸어 일자리를 찾았다. 일자리가 있다는 대답에 김영희는 아이 셋을 데리고 뉴욕행을 결심했다. 그리고 며칠 만에 짐을 싸서 한국을 떠났다. 셋째 형이 아내와 아이들을 함께 공항까지 데려다주었는데 이상만은 통곡 수준으로 눈물을 흘렸다고 한다. 그 모습을 보고 있던 셋째 형이 속상함에 이같이 타일렀다고 한다.

34) 김명순 인터뷰, 2018. 7. 31.

이상만

"이놈아, 그럼 네가 무용을 안 하면 되지 않느냐. 커피숍이고 뭐고 차려서 하면 되지. 방송국에서 안무가로 취직을 시켜 준대도 네가 싫다고 하고 발레만 한다면서 뭐 그렇게 서럽게 우느냐."[35]

아이들은 이상만을 닮아 붙임성도 있어 참으로 귀여웠다. 특히 막내딸 영란에게 그는 다람쥐처럼 딱 붙어살다시피 했다. 이상만은 아이들을 무

35) 이상오 인터뷰, 2018. 3. 27.

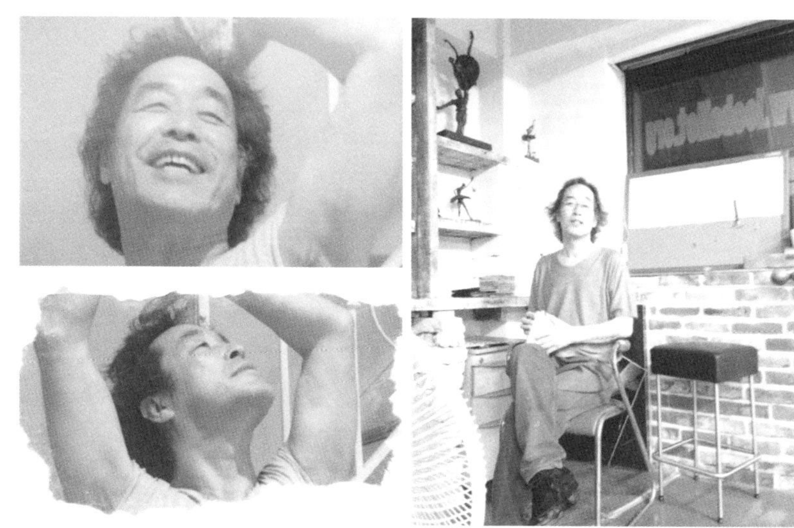

이상만

척이나 사랑했고 아내와 아이들을 떠나보내는 일이 너무나 힘겨웠지만, 무용을 저버릴 수는 없었다. 아내와 아이들과 헤어지게 된 그해는 2002년이었다.

이상만은 가장으로서 경제적인 부분을 해결하는 데는 부족한 사람이었다. 가정을 선택하느냐 예술을 선택하느냐 그 사이에서 아내와 타협한 것이다. 이상만은 완전히 예술가라고 아내는 종종 말하곤 했다. 예술을 떠날 수 없는 남편과 자신, 그리고 가정을 생각했을 때 아이 셋을 얻은 것만으로도 그녀는 지혜로운 행동을 한 것이다. 그렇게 이상만은 아내와 아이들과 10년 정도 떨어져 살았다. 아내에게 경제력이 생기며 이상만은 예술가로서의 활동을 이어 갈 수 있었다.

이상만은 한국에서 발레 창작에만 몰두했다. 집에서 공연과 관련된 모든 물건을 제작했다. 그는 손재주가 있는 편이었는데 가끔씩 미국에 있는 아이들을 보러 가게 되면, 뉴저지 테나플라이(New Jersey Tenafly)의 집을 연한 핑크색과 연한 파란색 페인트로 직접 꾸며 주고는 했다. 그리고 뒤뜰 야드에 자두나무를 심어 주기도 했다. 미국에서는 페이스유니버시티대학(N.Y. Pace University, Schimmel Center for the Art)에서 '리(Lee)발레단' 공연을 두 번 정도 했고, 뉴저지 극장에서도 공연하며 연출자로서의 면모를 드러내기도 했다.

이상만은 아이들 학교 방학 기간에 맞춰 미국으로 가서 함께 뉴저지 왼쪽의 작은 섬인 코네티컷(Connecticut)주 캐아터켓에서 놀기도 했다. 아이들과 공원에 놀러 갔다가 배를 타고 집으로 돌아오는 코스도 기억에 남는다고 했다. 은호가 초등학교 5학년, 수현이 4학년, 영란이 2학년이었던 여름에는 뒤뜰에서 커다란 파라솔을 치고 고기도 구워 먹었다. 큰아들 은호가 고등학교에 다닐 때는 아이들과 바비큐도 해 먹으며 행복한 시간을 보냈다.[36]

이상만은 점차 한국에서 바쁘게 지내게 되었고, 그 와중에도 미국에서 공연이 있으면 일 년에 한두 번 정도는 아이들을 보러 다녀왔다. 하지만 어느 해에는 한 번도 가지 못한 적도 있었다. 점차 어려워지는 형편에 비행기 값이 부담이 되기 시작한 것이다. 세월은 그렇게 흘러갔다. 그사이 이상만은 한 번의 암을 겪고 이겨 냈다. 그 후 대학생이 된 아이들이 아르바이트로 번 돈을 들고 한국으로 놀러 오기도 했다. 한국에서 2주 정도 머무르는 동안 동대문시장에 가서 발레의상 원단도 구경하고, 유행했던 마약 김밥도 먹으며 즐거운 한때를 보냈다. 하지만 아쉽게도 이것이 아이들

---

36) 이은호-멘델 인터뷰, 2018. 4. 7.

과의 마지막 식사였다.

그러던 중 무리한 탓인지 완치됐던 암이 재발했다. 청천벽력 같은 일이었다. 2013년에 이상만이 〈무상〉을 공연할 때 가족 모두가 그를 만나기 위해 한국으로 왔다. 림프암 치료 때문에 당연히 무균실에서 치료를 받고 있어야 할 그는 발레 연습 중이었다. 그는 어렸을 때도, 청년이었을 때도, 나이가 들어 가정을 꾸렸을 때도 늘 춤과 함께였다.

이상만은 자연스런 반곱슬머리가 매력적이었다. 가족들은 그가 옷은 거의 회색이나 베이지색으로 깔끔하게 입는 편이었고, 셔츠 또는 폴로 반팔에 목선이 동그란 반팔셔츠를 즐겨 입었고, 바지는 카키 바지를 주로 입었다. 와이셔츠(dress shirt)는 버튼셔츠를 좋아했던 것을 떠올렸다. 그리고 그는 가족, 친구, 주변 사람들에게 늘 잘 웃는 이로 기억되고 있다.

4. 안무가, 발레리노로서의 활동

1) 영원한 리(Lee)발레단의 단장, 이상만

이상만은 춤 늦깎이로 스무 살 때 처음 춤을 접했다. 순전히 자신의 노력으로 국립발레단에 입단하여 〈지젤〉(1975), 〈코펠리아〉(1976), 〈카르멘〉(1976) 등의 여러 작품에서 주역을 맡으며 존재감을 드러냈다. 그는 한자리에 멈춰 있지 않고 더욱 발전하기 위해 한국을 떠나 미국으로 향했고, 서구 발레단에서 직업무용수로 〈호두까기 인형〉, 〈레이몬다〉 등의 작품에서 주역을 맡아 성공적으로 자신의 이력을 쌓았다. 그는 유년기에 피아노와 성악을 배웠고, 이어 작곡을 전공했다가 발레로 전과하기에 이른다.

1. 〈집시의 노래〉(1985), 김선희·이상만
2. 〈그리그피스〉(1985)

이상만 귀국공연 · 제1회 리발레단 정기공연

남들보다는 훨씬 늦게 춤을 시작했기 때문에 한계가 있었지만, 남들보다 몇 배는 더 노력했고 결국 자신만의 날개를 펼칠 수 있었다.

그는 미국에서 타지 생활을 하면서도 언젠간 한국에 돌아올 것이라 생각했다. 그리고 가끔씩 한국에 귀국했다. 1980년도쯤에 그의 스승인 국립발레단의 임성남 단장과 〈백조의 호수〉 공연의 역할을 조율하기 위해 한국에 들렀다. 이상만은 이 작품에서 왕자 역할을 맡고 싶었으나 이미 배역이 정해진 상태였고, 이상만은 어쩔 수 없이 로트발트(Rothbart) 역을 맡게 되었다. 이상만은 스승에게 서운한 마음 반, 배정받은 배역이 썩 내키지 않는 마음 반에 결국 다음 기회를 기약하고 미국으로 떠나게 된다.

그의 스승인 임성남(1929~2002)은 1975년 〈지젤〉의 알브레히트와 지젤

〈파키타〉(1985), 이상만·김명순

에서 김성일과 김명순, 이상만과 김학자를 주역으로, 1976년 〈카르멘〉[37]은 진수인(카르멘 역), 이상만(돈호세 역)을 주역으로 맡길 정도로 젊은 제자가 너무도 열심히 따라오고 있고 소질도 있다고 여겼다.[38] 그가 미국으로 유학길을 떠날 때에도 매우 서운해했었다. 하지만 이러한 〈백조의 호수〉의 배역 선정 이유로 이상만이 다시 미국으로 떠나자, 두 사람 사이에 골이 생기게 되었다. 이후 두 사람은 계속 서먹한 사이로 지내다가 결국 국립발레단에서 함께 활동하기에는 불편한 상황에 이르렀다.

이후 춤에 대한 열정과 자신의 실력에 대한 믿음으로 똘똘 뭉친 이상만은 결국 1985년에 자신의 성을 딴 리(Lee)발레단을 창단한다. 리(Lee)발레단의 첫 공연을 위해 그는 한국으로 돌아와 〈파키타(Paquita)〉, 〈집시의 노래(Song of Gypsy)〉, 〈그리그피스(Grieg Piece)〉를 같은 해 6월 22일에 국립

37) 〈카르멘〉(1976)에서는 진수인이 카르멘 역, 이상만이 돈호세 역, 김종훈이 투우사 역, 김성일이 경비대장 역을 맡았다.

38) 임성남, 「보람에 산다 – 하나의 역작이 나오기까지」, 『경향신문』, 1976. 12. 3.

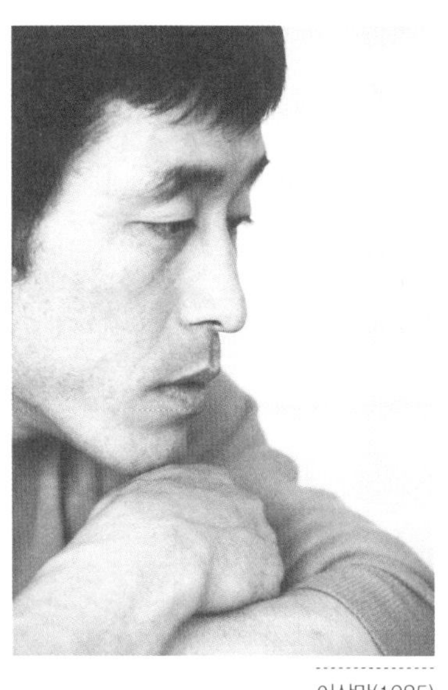
이상만(1985)

극장 대극장에서 선보인다.

〈파키타〉는 나폴레옹이 이끄는 프랑스군이 에스파냐를 점령하고 있는 상황을 배경으로, 집시 소녀 파키타와 프랑스군 장교인 루시앵의 사랑 이야기를 다룬 작품이다. 파키타와 루시앵은 서로 사랑했지만 루시앵에게는 귀족 출신의 약혼녀가 있었고, 둘은 신분 차이를 극복할 수 없어 괴로워한다. 하지만 훗날 파키타가 귀족의 딸이라는 사실이 밝혀지면서 두 사람의 사랑은 해피엔딩으로 끝이 난다. 이 작품은 내포하고 있는 이야기보다는 프랑스의 우아함, 스페인의 정열, 이탈리아의 활력 넘치는 춤이 고루 배합되어 춤의 진수를 만끽할 수 있는 좋은 작품이다.

리(Lee)발레단의 〈파키타〉의 주역은 이상만과 김명순이 맡았다. 김명순은 이상만과 국립발레단에서 함께 활동했던 동료이자 서로 끊임없이 도움을 주고받는 관계였다. 이상만은 김명순이 뉴욕에 방문했을 때 스텝스(Steps)를 소개해 주기도 하고, 평소 김명순에게 친절하게 잘해 주며 서로 끈끈한 동료 관계를 유지했다. 김명순은 그런 이상만이 창단한 리(Lee)발레단의 첫 공연에 기꺼이 함께했다. 김명순(前 국립발레단 주역)은 누구보다도 발레를 사랑하는 이상만의 열정에 이끌려 오랜 친구로 지낸 지난날을

1. 한양대학교 무용실(1985)
2. 리발레단 정기공연 후(1985), 조승미 · 김종훈 · 이득효 · 이상만 · 민병수 · 오율자 · 손재현 · 오혜순 외

회상했다.[39] 더불어 김명순이 〈파키타〉에서 푸에테(fouette) 23바퀴를 돌았

39) 김명순 인터뷰, 2018. 7. 31.

이상만

던 모습을 다시금 떠올리기도 했다.

전홍조(성신여대 교수) 또한 오직 발레밖에 몰랐던 이상만의 열정에 이끌려 가까워졌고, 그런 이유로 〈파키타〉에 함께 출연하게 되었다고 말했다. 전홍조는 한국에 〈파키타〉를 처음으로 가져와 선보인 선배 이상만에 대한 존경심이 남달랐다. 당시 한국에서는 접할 수 없었던 전문적인 발레 스킬을 이상만을 통해 배울 수 있었다. 그가 가르쳐 주었던 모든 것이 유익했기에 공연에 참여하면서 스트레스를 받아 본 적이 전혀 없었다고 했다. 전홍조는 이상만이라는 사람 자체가 자유로운 사고를 하는 스타일이며, 평소 인간적인 면모를 많이 보여 주었기 때문에 마찰이 없었다고 덧붙였다.[40]

---

40) 전홍조 인터뷰, 2018. 9. 16.

1. 뉴욕
2. 뉴욕 콘서바토리(1980) 김학자·블라디미르 도크로브스키
3. 안써니 도월

이상만이 〈파키타〉를 리(Lee)발레단 창단 공연 작품으로 선정한 데는 그만한 이유가 있었다. 당시 뉴욕 아메리칸발레시어터는 소련에서 망명한 미하일 바리시니코프(Mikhail Baryshnikov)를 영입해, 주옥같은 러시

1. 이상만
2~4. 외국 발레단 단원들

아 발레 전막 작품들을 선보이고 있었다.[41] 〈파키타〉와 〈라 바야데르(La Bayadère)〉도 그중 하나였고, 이 작품을 본 이상만은 누구보다도 먼저 한국에 〈파키타〉를 선보이고자 했다. 이후 많은 예술가들이 이 작품에 매료되었고, 한양대 조승미[42] 교수 역시 이 공연을 선보인 적이 있다. 유니버설

41) 김순정, 「선한 웃음 속의 강인한 실천가—이상만」, 『서울문화투데이』, 2018. 2. 10.

42) 조승미(1947~2001)는 서울예술고등학교를 졸업하고 한양대학교 무용과와 동대학원을 마쳤다. 1986년 일본의 제3회 사이다마데 국제창작공쿨에서 〈진실한 나의 영혼〉으로 특별상을 수상하였고 1990년 대한민국무용제에서 〈데니의 하루〉로 안무상을 받았다. 〈삼손과 데릴라〉는 미국 공연 중 컬버시티의 시의회로부터 '조승미발레의 날'을 제정받기도 했다. 선교발레의 새로운 장을 열어 놓았다는 평가를 받는다.

1. 외국 생활
2. 〈지젤〉, 문예회관, 이상만·김명순

발레단이 선택한 작품이기도 하다.

또 다른 작품인 〈집시의 노래〉에서 이상만은 김선희(現 한예종 무용교수)와 함께 주역을 맡았다. 〈집시의 노래〉는 아름다운 음악 〈지고이네르바이

1~2. 〈논두렁〉(1987), 이상만·반은주

젠(Zigeunerweisen)[43]〉과 잘 어우러진 스페인풍의 춤을 감상할 수 있는 작품으로, 이상만과 김선희 두 사람의 테크닉과 느낌(feel), 음악 이 3박자가 고루 잘 맞아떨어진 좋은 무대로 재탄생했다.

1985년 리(Lee)발레단의 제1회 공연 포스터를 보면 젊은 이상만의 열정과 젊음이 고스란히 배어남을 느낄 수 있다. 이상만은 길게 늘어진 철길 위에 한 발로 몸을 지탱하고 서 있다. 그는 애티튜드(Attitude)[44] 자세로 한 손은 위로 올린 채 먼 곳을 바라보고 있다. 마치 손으로 잡을 수는 없지만 언젠가는 닿게 될 꿈을 향해 날아가기 위한 비상(飛上)의 의지가 느껴지는

---

43) 사라사테(Pablo Sarasate)가 작곡한 50여 곡 중에서 가장 대표적인 곡이다. 지고네르바이젠이란 독일어로 '집시의 노래'라는 뜻으로 정처 없이 유랑하며 떠도는 집시의 삶의 애환, 그리고 기쁨을 묘사하고 있다. 이 곡은 전형적인 집시 음악인 차르다시의 형태를 따르고 있다. 강렬한 도입부에 이은 느리고 애수에 찬 선율이 끝나기가 무섭게 정신없이 연속해서 몰아치며 연주되는 곡이다.

44) 한 다리는 서서 전신의 무게를 지탱하고 다른 한 다리는 무릎을 굽혀 뒤로 들어올린다. 19세기 이탈리아 무용가 카를로 블라시스가 위대한 조각가 지오반니 다 볼로냐의 청동상 〈날고 있는 머큐리(Flying Mercury)〉에서 영감을 받아 확립한 자세이다(이찬주, 『춤-all that dance』).

1. 제7회 리발레단 정기공연(1994)
2. 〈낙엽들은〉 (1986) 박상욱 · 김경희 · 민병수 외
3. 제4회 리발레단 정기공연(1988)

1. 〈엘레지(Elegie)〉(1994)
2. 〈하프〉(1988), 섬의 아름다움을 표현
3. 〈요한스트라우스의 밤〉(1993)

1. 〈파계승〉(1989), 이상만·장성애
2. 〈하프〉 (1988)

듯하다.

이상만은 리(Lee)발레단 창단 공연을 마치고 다시 뉴욕으로 돌아갔다. 그는 외국 생활을 하며 자신이 몸소 배웠던 발레를 고국에 소개하는 동시에 자신이 일구어 낸 노력의 결과물을 보여 주고 싶었던 것일지도 모른다. 그리고 이상만은 〈파키타〉와 〈집시의 노래〉로 이를 증명해 냈다. 실제로 많은 이들이 이 공연을 보고 강한 인상을 받았다.

모교인 한양대학교에서도 이상만에 대한 후원을 아끼지 않았다. 그는 한양대학교 무용학과를 졸업하고 석사를 받은 최초의 발레리노로, 후배들을 위해 특강을 맡기도 하고, 리(Lee)발레단 창단 공연에 한양대학교 후배인 예신희, 도지원, 최미선, 고시옥, 최미영, 이화진 등을 출연시키기도 했다. 이상만은 1987년 조승미발레단의 뉴욕 공연에도 도움을 주며, 국내의 많은 무용인들의 선망의 대상이 되기도 하였다.

그 이듬해부터 이상만은 리(Lee)발레단의 정기공연을 한 해도 빠짐없이 기획하여 매년 무대에 올렸다. 외국 생활을 하면서도 고국과 교류가 끊이지 않도록 부단히 애를 썼다.

"뉴욕에 있을 때는 주로 선·후배 무용인들이 다녀갔고, 나름대로 많은 곳을 보여 주기도 했지요. 김경희, 정의숙, 문애령, 장선희, 반은주 등 수많은 사람들이 뉴욕에서 연수받고 생활하는 데 연결을 많이 해 줬어요.[45] 그들은 나의 무용 후배들로 사랑스럽고, 그들이 하나라도 더 배워 가길 바랐죠. 김학자 선생도 와서 저의 소개로 아메리

45) 송종건, 「초창기 국립발레단 주역무용수 이상만 인터뷰」

다운타운 발레단(1980년대)

칸발레시어터의 안써니 도월(Antony Dowell)과 제가 가장 존경하는 스승 블라디미르 도크로브스키의 수업도 뉴욕 콘서바토리 오브 댄스에서 듣고 좋아하셨죠.[46] *그럴 때면 제가 더 기분이 흐뭇해졌어요. 그리고 한국인으로서 그들이 안전하게 많은 것을 배우고 돌아가길 희망했지요. 외국에 나오면 모르는 한국인을 만나도 반가운데 하물며 한국에서 무용을 하는 선·후배들은 더 정이 가죠."*

그는 이렇게 선·후배 사랑을 넌지시 밝힌 적도 있다. 이상만의 후배들은 리(Lee)발레단 제2회 공연에도 기꺼이 참여해 주었다. 〈신방(The Wedding Night)〉(1986), 〈아픔〉, 〈낙엽들은〉, 〈파계승〉, 〈소풍(Field trip)〉,

46) 김학자 인터뷰, 2018. 10. 23.

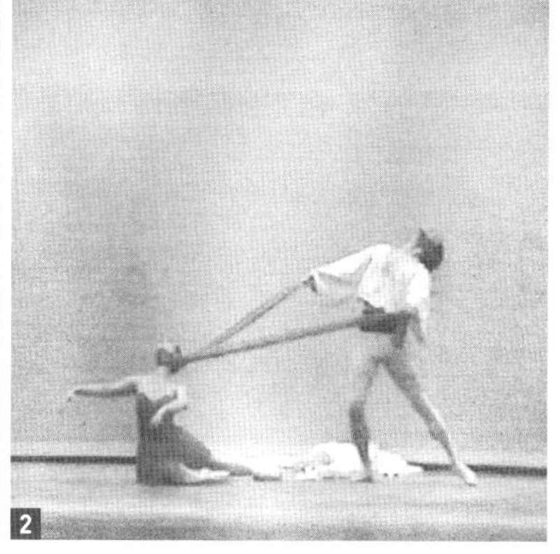

1~2. 〈파계승〉(1989)

〈논두렁〉(1987) 등 많은 작품에 장성애, 김영자, 오영자, 민병수, 김경희, 반은주, 박상욱, 손병은, 홍인석, 이형래 등이 함께했다.

이후 이상만은 1986년 12월 13일부터 14일까지 N.Y. Fashion Industries Auditorium 극장에서 제2회 리(Lee)발레단 미국 데뷔 공연을 선보였고, 매년 리(Lee)발레단 정기공연과 스쿨 공연을 이어 갔다. 리(Lee)발레단 정기공연은 1987년 12월 12일~13일 제3회, 1988년 12월 9일~10일 제4회, 1989년 12월 1일~3일 제5회, 1992년 6월 25일 제6회, 1994년 6월 29일 제7회 리(Lee)발레단 정기공연으로 창단 이래 총 7번의 정기공연 이력을 갖고 있다. 이외에도 1987년 6월 27일, 1988년 6월 25일, 1989년 6월 17일, 1991년 6월 19일, 1993년 6월 25일, 1995년 6월까지 이어진 스쿨 공연과 우드사이드 댄스센터(Woodside Dance Center) 등도 있다.

왕성하게 리(Lee)발레단을 이끌어 가던 이상만은 1995년 6월 공연을 마지막으로 아버지의 임종을 지키기 위해 가족과 함께 영구 귀국하게 된다. 이상만은 아버지의 장례를 치르고 서울로 올라와 1996년 5월 1일, 역삼동

1. 카르멘(1994)
2. 엘레지(Elegie) (1994)
3. 신방(1986)

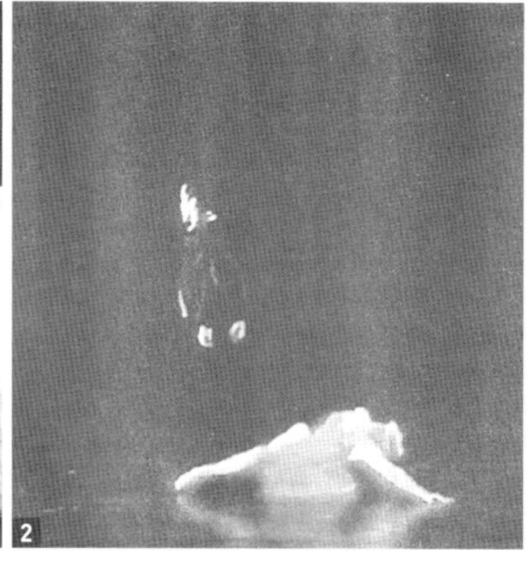

1~2. 〈카르멘(1994)〉

에 리(Lee)발레단 사무실을 꾸렸다. 그리고 본격적으로 한국적인 창작 발레를 위한 시동을 걸기 시작한다. 그는 한국 무용수가 더 잘해 낼 수 있는 창작 발레를 고민했고, 이효석의 『메밀꽃 필 무렵』과 김동리의 『무녀도』에서 모티브를 얻어 한국적인 발레를 창작하게 된다. 그는 주옥같은 우리의 문학으로 발레를 빚어내어 세상에 알리고 싶다는 생각이 간절했다.

『메밀꽃 필 무렵』은 봉평장을 무대로 명주를 팔고 다니는 장돌뱅이 허생원을 주인공으로 한 소설이다. 허생원의 동행자인 조선달과 그가 아끼는 당나귀만이 유일한 허생원의 가족이다. 장돌뱅이 허생원은 어느 날 우연히 장터 술집에서 동이라는 아이를 만나게 되고, 그 아이가 성서방네 처녀와 자신의 사이에서 낳은 아이가 아닐까 생각하게 된다. 허생원이라는 사람의 삶을 통해 떠돌이 생활의 애환과 혈육의 끈끈한 정을 느낄 수 있는 문학 작품이다. 특히 메밀꽃이 흐드러지게 핀 달밤의 분위기는 환상적인 기분을 자아낸다.

이상만은 춤 대본을 직접 제작하여 1997년 12월, 무대에 한국근대사를

1~3. 메밀꽃 필 무렵(1997) 지우영
4. 메밀꽃 필 무렵(1997) 이상만

리발레단 리허설, 예술의전당 오페라하우스(2010)

전 2막으로 구성한 〈메밀꽃 필 무렵〉을 무대에 올렸다. 그중 당나귀 역은 지우영[47]이 맡았는데 당나귀를 솔리스트로 만들 만큼 이상만의 연출은 어떻게 하느냐에 따라서 탁월한 조합으로 무대를 메워 나갔다. 이 작품은 조미경과 권경미가 주역을 맡았고 이혜주, 이선영, 강경신, 조은성, 김종근 등이 참여했다.

지우영은 자신의 〈이상한 챔버오케스트라〉(지우영 안무 2013)에서 이상만에게 화가 역할을 맡겼는데 그때 "『마지막 잎새』를 모티브로 하면 어떨까요?" 제안하자 "재미있겠다. 그것을 발전시켜 보자." 하며 너무 즐거워

47) 지우영은 한국인으로는 최초로 독일 하노버국립대학 무대무용실기 석사 과정을 이수했으며, 2003년 댄스시어터 샤하르를 창단하였다. 한국발레협회 신인안무가상을 받은바 있으며, 런던 옥스퍼드 대학에서 창작 발레 〈드림 오브 러브〉 등을 발표하는 등 국내외를 통해 25여 편의 작품을 선보이며 현재 활발히 활동하고 있다.

했다고 한다.[48] 그는 발레로 향한 상상의 나래를 펼칠 때면 늘 행복에 젖는 듯했다.

이근수 평론가는 1998년『예술세계』를 통해 이상만이 영구 귀국 후 국내에서 처음으로 선보인 발레가 이효석 원작의『메밀꽃 필 무렵』인 것에 대해 놀라움과 기대를 이렇게 표현했다.

'1997년 가을부터 국내 무대에 본격적으로 서기 시작한 리(Lee)발레단의 근작들에서 우리나라 발레의 한 가지 가능성을 찾아볼 수 있었다면 이것은 지나치게 희망적인 관측이 될 것인가. 한국 냄새가 물씬 풍기는 전원과 장터 풍경의 무대, 그는 동양정신의 발레화를 선언한 것이다.'[49]

〈메밀꽃 필 무렵〉 공연이 끝날 무렵, 신인 박경희가 리(Lee)발레단의 단원으로 입단했다. 이상만은 자신의 에너지와 비슷한 에너지를 가진 후배를 기쁘게 신입 단원으로 맞이했다. 박경희는 기가 세고 강한 성격을 가졌으나, 음악적인 감각이 좋았고 센스가 있었다. 눈치도 빠른 편이라 리듬을 잘 맞추며 춤을 추었던 박경희는 제법 눈에 띄었다.

박경희는 평소에는 수더분하지만 레슨에서는 굉장히 예민하게 변했던 이상만을 떠올렸다. 이상만의 공연 〈무녀도〉(1999)에서 박경희는 첫 주역을 맡았다. 〈무녀도〉 모화 배역을 맡은 주역이 원래 있었지만 이상만은 신

48) 지우영 인터뷰, 2018. 10. 15.

49) 이근수, 「LEE BALLET가 보여 주는 한국 발레의 가능성」, 『예술세계』 1998.

리허설 중인 이상만

입 단원 박경희를 과감하게 더블 캐스팅했다. 모화의 강한 성격과 박경희가 잘 맞아떨어진다는 이유 때문이었다.

이때 박경희는 단번에 이상만의 성격을 알아봤다고 한다. "이분에게는 아부할 필요가 전혀 없구나. 그냥 무용 잘하고 예술적인 느낌이 흥하면 선생님은 배역을 주시는구나."라고 당시 상황을 들려주었다.[50] 이상만은 이것저것 따지지 않고 실력이 좋고 배역과 합이 좋으면 신입이든 경력이든 동등한 시선으로 바라보고 배역을 배정했다. 그가 안무가로서 또 리(Lee)발레단의 단장으로서 어느 정도로 선을 분명히 지었는지 짐작된다.

박경희가 맡은 모화 역은 한번 무대에 오른 이상 무대 밖으로 나갈 수가 없었다. 계속 무대에 머물러 있어야 했기 때문에 박경희는 리(Lee)발레

50) 리(Lee)발레단 박경희 인터뷰, 2018. 7. 31.

1~2. 〈무녀도〉(2001), 박경희

1. 〈무녀도〉(1999)
2. 〈무녀도〉(2000), 박경희
3. 리발레단 오페라하우스

의상 작업을 하는 이상만

단에서 맡은 작품 중 가장 힘들었던 것으로 〈무녀도〉를 기억했다. 무대에 오른 박경희는 춤추거나, 잠시 무대에 쓰러져 있거나, 계속 연기(Acting)하거나 셋 중 하나를 해야만 했다. 시간이 지날수록 다리가 저려 오고 굵은 땀방울이 바닥으로 뚝뚝 떨어졌다. 게다가 〈무녀도〉는 다른 작품에 비해 공연 시간도 길어서 더 힘에 부쳤다고 한다.

〈무녀도〉에는 박경희를 포함하여 김현주, 김정아, 유갑경, 심선미, 김정은, 김문선, 서지희, 신정섭, 김찬식 등이 출현했다. 이상만은 〈무녀도〉에 한국적인 음악과 춤사위를 적절히 녹여내었고, 장차 세계무대에 올리는 데 부족함이 없도록 제작에 심혈을 기울였다.

김동리의 『무녀도』는 영감이 뛰어난 무녀 모화와 그녀의 아들 욱이와 딸 낭이의 이야기이다. 욱이는 어릴 적부터 총명하여 신동이라는 소리를 듣고 자랐으나 근본이 미천하여 절로 보내지고 만다. 딸 낭이는 열병으로 벙

어리가 되어 집에서 그림만을 그리며 살아간다. 어느 날 세월이 흘러 집으로 돌아온 욱이는 불교가 아닌 예수를 믿는 예수교 신자가 되어 모화와 종교적 갈등을 빚게 된다. 결국 모화는 욱이의 성경책을 불에 태우게 되고, 모화와 다투던 욱이는 객귀를 물리치겠다며 휘두른 모화의 칼에 찔려 죽게 된다. 모화는 그 후 물에 빠져 죽은 젊은 여인의 혼백을 건지는 굿을 맡게 되었고, 열정적으로 굿을 하던 모화는 기어코 물속으로 사라져 죽음을 맞이하게 된다. 정처 없이 떠돌던 부녀는 어느 부잣집에서 달포 동안 머물게 되고 주인의 권유로 낭이는 그림 하나를 그리게 된다. 낭이가 자신의 삶의 한 페이지를 그린 그림을 사람들은 '무녀도'라고 부른다.

이상만은 비극적인 작품 『무녀도』를 각색하여 무녀의 춤으로 다시금 완성시켰다.[51] 이번 작품의 하이라이트인 3막의 코다 피날레는 무녀 모화의 대굿 장면으로 이루어진다. 큰 바다의 배경막이 펼쳐지고 〈강원도 아리랑〉의 구성진 음향 속에 깊은 물속에서 모화가 양손에 긴 천을 들고 나온다. 움직임이 대단히 선명하고 깨끗하게 이어진다. 18명의 흰 소복 차림의 군무들이 조용히 두 손으로 합장하고 아라베스크를 만든다. 장쾌한 라인을 이어 가며 한 명씩 아라베스크를 반복해 만드는 동일한 이미지가 한없는 정숙미를 연출한다.[52]

이상만은 〈무녀도〉를 1999년 12월 5일 리틀엔젤스 예술회관에 올렸다. 진수인[53]은 〈무녀도〉는 애초에 박경희를 염두에 두고 만든 것처럼 모화 역

51) 낭이 그림 – 이상만이 그린 배경막

52) 송종건, 「순수한 발레 熱情 돋보여 – 무녀도」, 『댄스포럼』 2000년 3월호, p. 89

53) 진수인(1948~)은 서울예고를 졸업했으며, 한국에 바가노바 교수법을 소개하고 많은 무용인을 길러낸 진수방의 조카로 어려서부터 고모로 발레 레슨을 받았다. 그 뒤 임성남의 제자가 되었고 1970년대 국립발레단

〈황토길〉(2007)

에 박경희가 딱 들어맞는다고 말했다. 김명순 역시 모화 역에 박경희가 잘 녹아들었다고 했다. 평론가 송종건은 모화의 아들 욱이(이상만扮)와 낭이의 빛나는 2인무가 펼쳐졌으며 2막의 5명의 한국 탈을 쓴 발레리나가 탈춤발레를 만드는데 설득력 있었고 한국 고유의 가락이 계속 이어지면서 한국 춤의 어깨춤 사위로 이루어지는 발레가 아름다웠다고 했다. 더불어 군무에 라인을 직선에서 원으로 만들어 나가는 안무도 유연하며 한국 고유의 춤사위가 자연스럽게 묻어 있는 군무의 움직임이 활기차고 입체적이다. 한국적 발레를 정교한 안무로 성공적으로 이끌어 갔다고 평가했다.[54]

주역 무용수로 활동했으며 지도위원을 역임했다. 1982년 미국 유학을 떠나 뉴욕무용전문학교에서 수학하고 4년 뒤 귀국하여 무용학원을 운영하며 후학 양성에 매진하였다. 현재 엘 발레 미션(L Ballet Mission) 단장이기도 하다(http://cafe.naver.com/21critic/865).

54) 송종건, 「순수한 발레 熱情 돋보여 - 무녀도」, p. 88

1~2. 〈황토길〉(2007)

이상만의 〈무녀도〉는 우리 민족의 민간신앙과 정서를 한국 발레로 구축해 낸 작품으로 평가받는다. 이상만은 〈무녀도〉에 필요한 소품을 직접 만들기도 했는데, 모화가 아이를 낳는 장면에서 입은 붉은 옷이 그의 손에서 탄생했다. 〈IMF〉(1998)때 썼던 감색의 의상에 색을 다시 입혔다. 그 이후로 이 의상은 필요에 의해 파란색으로 염색했다가 다시 빨간색, 또 검은 색으로 다시금 바뀌기도 했다. 이상만은 무대 의상이 필요할 때마다 자신의 손재주와 능력을 유감없이 발휘했다. 사람들이 공연을 보러 와서 의상이 멋있다고 칭찬할 때마다 박경희는 이상만 단장이 다 만든 것이라고 말하고 다니곤 했다고 한다.

2014년 와이즈발레단(Wise Ballet Theater)[55]의 김길용 단장은 안동에서 〈부용지애(芙蓉至愛)〉를 선보일 당시 한국적인 의상이 필요했다. 김길용은 이상만에게 리(Lee)발레단의 여성 한복 열다섯 벌을 빌리고 남성 한복 열두 벌을 의뢰한 적이 있다고 한다. 이상만은 의상을 전문적으로 제작하는 사람이 아니지만, 외부에서도 그의 실력과 감각을 인정하여 따로 부탁할 정도였다. 김길용은 이상만이 거주했던 삼익아파트에도 몇 번 들른 적이 있었는데, 편히 쉬는 집에서도 춤에 대한 열정이 고스란히 느껴졌다고 전했다. 다만 한 가지 안타까웠던 것은 주변의 선후배들이 조금씩만 도와줘도 편했을 텐데, 소품이며 의상까지 늘 혼자 맡아 하겠다고 하는 모습이 힘들었을 거라고 전한다.[56]

〈무녀도〉는 소액의 공연 지원금에 의존해야 했던 민간 발레단의 한계 속에서도 완성도 높게 제작된 작품이다. 이상만이 직접 디자인한 의상과 손수 편집한 음악으로 무속적인 분위기를 잘 살려 냈다. 특히 3막의 모화와 욱이의 죽음을 애도하는 장면에서 17명의 무용수들이 선보인 아라베스

---

55) 와이즈발레단은 클래식발레의 대중화와 창작 발레의 예술적 가치 창조를 미션으로 2005년 창단되었다. 신선한 안무작으로 주목받고 있으며 〈헬로우 발레〉, 〈차이코프스키 발레판타지〉 등 대중 친화적인 기획 공연 및 초청 공연으로 어린이부터 어른까지 관객의 폭을 넓히며 색다른 재미로 많은 호응을 얻고 있다.

56) 김길용 인터뷰, 2018. 10. 3.

크와 캄브레 포르 드 브라(Cambré Port de bras)[57]는 〈라 바야데르〉의 3막을 연상시키기에 충분했다. 이 장면은 〈무녀도〉의 토착적인 정감을 잘 살려 준 피날레로 이근수 비평가[58]와 많은 이들에게서 인상적이라는 평가를 받았다.

이상만은 우리의 문학을 발레의 소재로 삼은 이유에 대해 이렇게 말했다.

> *"나는 시골에서 자라서 한국 농촌의 풍경에 익숙하다. 다 같은 발레 같지만 조지 발란신의 경우에 러시아에서 미국으로 건너와 러시아 발레에서 변형된 자기만의 색깔을 선보였듯이, 나 역시 한국적인 표현을 하고 싶어서이다."*[59]

이 말을 통해 그가 자신의 창작 발레에 무엇을 투영하고 싶었는지 짐작할 수 있다. 이상만은 리(Lee)발레단을 운영하면서 무엇보다 창작 발레에 몰두하였다. 그 결과 한 달에 100만 원 이상 벌어들이는 것이 어려워졌다. 함께 귀국한 아내와 아이들은 생계유지를 위해 미국으로 다시 돌아가게 되었다. 하지만 이상만은 홀로 남아 한국적 발레를 꽃피우겠다고 마음먹었다. 사랑하는 가족과 떨어져 지내면서까지 그는 발레를 포기할 수 없었다.

---

57) 캄브레 포르 드 브라의 캄브레(Cambré)는 아치(Arch)형을 의미한다. 팔의 움직임과 함께 등을 뒤쪽으로 젖히듯 넘어가는 것을 말한다(이찬주, 『춤-all that dance』, p. 318).

58) 이근수, 「아라베스크로 푸는 이상만의 무녀도」, 『춤과 사람들』 2002년 1월호

59) 춤추는 거미, 「한국의 조지 발란신을 꿈꾸는 안무가, 이상만」

한하운(韓何雲)[60]은 나병 시인으로 소위 '문둥이 시인'이라고도 불린다. 「전라도길」(부제: 소록도(小鹿島) 가는 길에)은 한하운이 1949년 발표한 시로, 시인을 포함한 나병 환자들의 아픔을 표현한 작품이다. 이상만은 이 시에서 영감을 받아 창작 발레를 만들기도 했다.

> *가도 가도 붉은 황톳길 / 숨막히는 더위뿐이더라. // 낯선 친구 만나면 / 우리들 문둥이끼리 반갑다. / 천안(天安) 삼거리를 지나도 / 쑤세미 같은 해는 서산(西山)에 남는데, // 가도 가도 붉은 황톳길 / 숨막히는 더위 속으로 쩔름거리며 / 가는 길. // 신을 벗으면 / 버드나무 밑에서 지까다비를 벗으면 / 발가락이 또 한 개 없다. // 앞으로 남은 두 개의 발가락이 잘릴 때까지 / 가도 가도 천리(千里), 먼 전라도(全羅道)길.* [61]

이상만은 슬픔을 노래한 시인 한하운의 생애를 다룬 〈황토길〉(2007)을 3막으로 만들기에 이른다. 어머니는 문둥이 아들을 뜨거운 모정으로 감싸 안아 노심초사 곁을 지켜 주지만 결국 세월을 이기지 못하고 떠난다. 문둥이 아들은 병을 고치기 위해 소록도로 향하는데 거지와 같은 생을 살던 한하운과 몹시도 닮았다. 함경도 함주에서 소록도를 찾아가는 나병 환자

---

60) 한하운(1919~1975)은 본명은 태영이며, 함경남도 함주 출신이다. 1939년 동경 세이케이고등학교 2년 과정을 수료했으며, 1943년 북경대학 농학원을 졸업하였다. 1944년 함경남도 도청 축산과에 입사했으나, 1945년 한센씨병(나병) 악화로 사직했다. 1946년 함흥 학생데모사건으로 체포되었으며, 치료비로 가산을 탕진했다. 1948년 월남 후, 유랑 생활을 하다가 1953년 대한한센연맹위원장이 되었다(http://blog.daum.net/urilife/1023).

61) 한하운, 「전라도길」, 『신천지』 1949년 4월호

1.〈아리랑〉(2001) 박경희
2~3.〈아리랑〉(2001)

1. 〈아리랑〉 (2003) 윤종배
2. 〈아리랑〉(2001) 김광범 서주현

의 삶과, 희망을 포기하고 살아가는 유랑의 절망적 삶. 한하운은 『신천지』 4월호에 「전라도길(全羅道)」을 발표하면서 문단에 등단하게 되고, 나병 환자의 삶을 살며 자신에게 돌아오는 저주와 비통함을 온몸으로 껴안고 살다 떠난다.

이상만은 한하운의 삶과 시를 통해 한 인간의 존엄함을 드러내려고 노력했다. 누구보다 빛나고 가치 있는 삶을 살다 간 한하운의 일생을 발레화하려 하였다. 나루아트센터에 올린 이 작품에서 이상만은 자신의 몸을 붕대로 칭칭 감고, 양쪽으로 목발을 짚고 무대에 서서 한하운이 되어 나병 환자의 역을 맡아 열연하였다. 이 작품은 전체적으로 모던한 스타일로 풀어냈다.

이외에도 이상만은 여러 창작 발레를 무대에 올렸다. 〈IMF〉(1998)에서는 다른 면의 동서양의 만남을 표현했다. 하늘에서 눈송이처럼 떨어지는

미술 작업 중인 이상만

종이 짝 같은 지폐를 통해 추락하는 국제 경제의 실상을 묘사했다. 여기에 골드스미스의 음악을 곁들여 무대를 풍성하게 꾸몄으며, 평소 연습량을 짐작하게 하는 14명의 탄탄한 몸을 가진 무용수를 통해 깊은 인상을 남겼다.

제10회 리(Lee)발레단 정기공연에 함께 오른 〈팬시레이디(Fancy Lady)〉(1998)는 한국의 전통적인 정서를 발레테크닉과 접목시켜 전환기에 처한 우리 사회의 실상을 아프게 꼬집어 고발했다. 게다가 코믹한 요소를 섞어 관객에게 친숙하고도 어렵지 않게 다가가려 애쓴 작품이다. 이를 통해 리(Lee)발레단은 오늘날 한국 발레가 나아갈 새로운 방향을 제시해 주었다는 평을 받기도 했다.[62]

---

62) 이근수, 『예술세계』, 1998

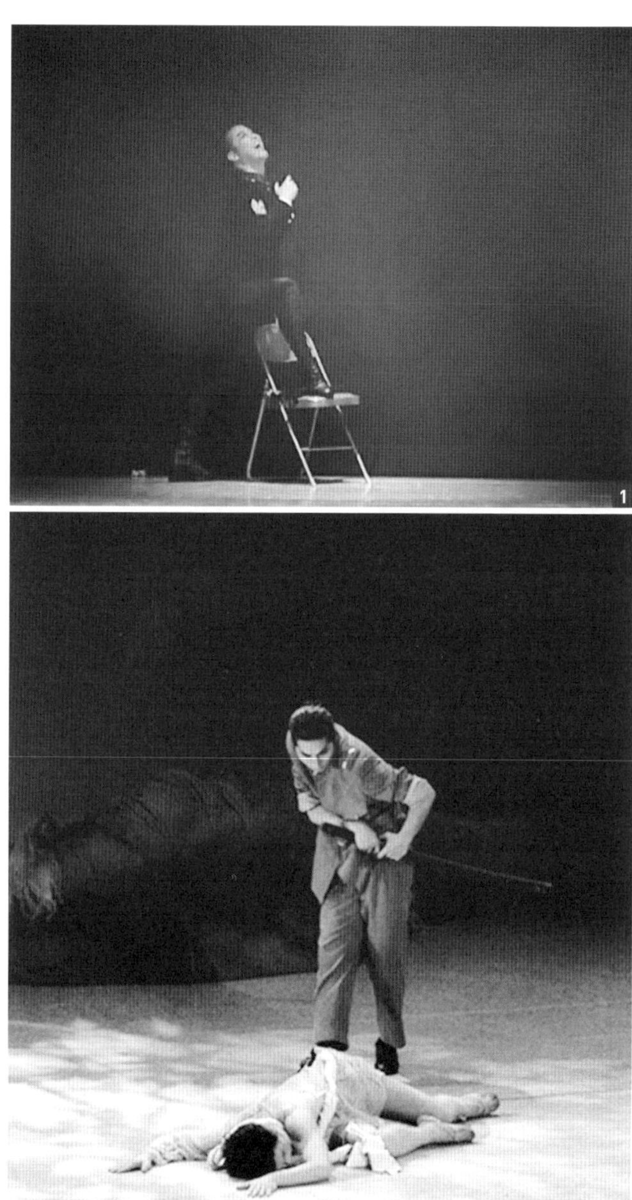

1. 〈아리랑〉(2001) 이상만
2. 〈아리랑〉 (2001) 김광범·윤종배

1. 〈아리랑〉 (2003) 박경희 · 한칠 · 서주현
2. 〈아리랑〉 (2003) 한칠 · 서주현
3. 〈아리랑〉(2003) 한칠 · 고경만

2001년에 선보인 〈아리랑〉은 우리 민족 고유의 정서인 '한'을 발레로 표현한 작품이다. '아리랑'은 시대와 계층을 모두 초월한 우리의 노래이며, 근대사의 시련과 몸부림, 절규와 해방과 자유 모두를 품고 있는 노래이다. 이상만은 급변하는 사회 속에서 우리가 많은 것들을 무심히 지나치고 있다는 생각에 이 작품을 만들게 되었다. 우리 민족의 모든 것이 그대로 녹아 있는 창작 발레 〈아리랑〉을 만들고자 애썼고, 나운규의 '아리랑'과 웨일즈의 소설을 바탕으로 특유의 애절함을 극대화한 창작 발레 〈아리랑〉을 탄생시켰다. 그는 섬세한 발레 동작과 치밀한 대형으로 창작 발레의 수준을 한 단계 높였다.

이 작품은 평화롭기만 한 한가로운 시골 마을을 배경으로 한다. 이 조용한 마을에 일제 탄압의 영향이 미치게 되며, 마을 사람들이 대항하여 싸워 나가는 과정을 아리랑 고개의 일화를 통해 표현했다. 전체는 2막 3장으로 이루어져 있다. 주인공인 만수(김광범扮)와 순이(서주현扮)는 서로를 사랑하는 순수한 시골 남녀로 등장한다. 어느 날 일본군에 대항한 만수가 끌려가게 되고, 그를 구하려다가 순이는 일본 순사 야마모토에게 변을 당하고 만다. 이로 인해 마을 사람들이 합심하여 독립운동을 하게 되지만 결국 만수는 아리랑 고개로 끌려가 처형을 당하고 만다. 싸늘한 주검이 된 만수를 실은 상여가 애절한 순이의 통곡과 함께 아리랑 고개를 넘어간다는 이야기이다.[63]

이 작품은 국립극장 해오름극장에 올랐고 장장 1시간 30분에 걸쳐 흐르는 아리랑 음악을 배경으로 하여 일제 강점기의 만족의 수난을 그려 냈다.

---

63) 아리랑 공연 프로그램 참조

1~2. 〈아리랑〉 리허설(2001)

오천 년 우리 역사에 있어서 가장 가슴 아픈 장면을 발레 동작으로 이끌어 내었고 '본조아리랑', '긴 아리랑', '정선아리랑', '강원도아리랑', '밀양아리랑', '진도아리랑' 등의 아리랑을 통해 무대를 꾸렸다.

2001년 창작 발레 〈아리랑〉의 초연[64] 남성 주역무용수 김광범은 세종대학교에 특강을 온 계기로 이상만을 알게 되었다. 고(故) 서차영(전 세종대 교수)은 국립발레단에서 이상만과 함께 활동한 세대로 친분을 갖고 김광범에게 배역을 맡아 보길 권했다. 이상만이 손수 소품을 만들고 그것을 무대에서 나르는 모습에 그의 춤을 사랑하는 열정과 포스가 느껴졌으며 자신도 모르게 그것을 따라서 옮기거나 도와주게 만드는 힘을 가졌다고 전한다.[65]

64) 아리랑 제1대 만수(김광범扮), 제2대 만수(한칠扮)

65) 김광범 인터뷰, 2018. 10. 24.

전홍조(성신여대 교수)는 이 작품을 준비하면서 있었던 일화 하나를 들려주었다.[66] 연습을 위해 오랜만에 발레 클래스를 찾았고, 오랜만에 자신의 발레연구소를 찾아 준 손님의 방문 덕에 이상만은 기분이 몹시 좋은 상태였다고 한다. 나이가 들면서 자신과 발레연구소를 찾아 주는 이들이 줄고 있지만, 잊지 않고 찾아 주는 후배들이 있을 때는 함박웃음을 띠던 이상만이었다.

바(Bar)가 끝나고 센터(Center)의 그랑 부분이 들어갈 때 이상만은 갑자기 젊은 사람처럼 뛰겠다며 쥬떼 앙트르낭(Jeté en tournant)[67]을 뛰고는 그만 주저앉아 버렸다고 한다. 그는 "어! 무슨 딱 소리 안 나요?"라고 말했고 그때 이상만의 아킬레스건이 끊어졌다고 한다. 결국 서울교육대학교 근처의 병원으로 가서 급히 수술을 받아야만 했다. 〈아리랑〉 공연 한 달 전 일어난 일이었다.

당연하게도 무대에 오르지 못하게 될 상황이었으나 이상만은 한 달 동안 치료를 하며 절대 무대에 오르지 말라는 의사의 경고를 무시했다. 그는 병원에서 몰래 나와 발레연구소로 향했고 바를 잡고 를르베(relevé)[68]를 한번 시도해 보았다고 한다. 당연히 발에 힘이 들어가지 않았고 서 있기도 힘들었을 것이다. 리(Lee)발레단 단원들은 그런 모습을 보고 아무리 이상만이라도 무대에 설 수 없을 것이라고 생각했다고 한다. 하지만 이상만은

66) 전홍조 인터뷰, 2018. 9. 16.

67) 쥬떼(던진다는 뜻)를 하면서 회전하는 것으로, 한쪽 다리를 앞으로 90도 던지면서 그 힘으로 던진 다리가 포물선을 그리면서 크로와제로 착지한다. 몸을 회전하는 도약을 겸한 큰 스텝이다(이찬주, 『춤-all that dance』, p. 324).

68) '쳐든다'는 뜻으로 드미 쁠리에 자세에서 발뒤꿈치로 강하게 바닥을 누르면서 올랐다가 다시 드미 쁠리에 자세로 돌아온다(이찬주, 『춤-all that dance』, p. 324).

반드시 무대에 서야만 했고 밤을 새워 고민을 했다고 한다.

병원에 누워 하루 종일 공연 생각만 하던 이상만의 뇌리를 스치는 것이 하나 있었다. 그는 일본 순사인 야마모토 역을 맡기로 했는데 이대로라면 설 수도 걸을 수도 없었다. 이상만은 야마모토에게 부츠를 신기기로 했다.[69] 발목에서 종아리로 이어지는 긴 부츠를 지지대 삼아 서면 조금 절뚝거려도 괜찮을 것이라는 생각이 들었던 것이다. 그리고 옆구리에 차는 칼을 지팡이처럼 지지대로 삼으면 될 것 같았다. 결국 그는 무대에서 자신에게 주어진 모든 역할을 완벽하게 해냈다.

이 모습을 처음부터 끝까지 지켜본 리(Lee)발레단 단원들은 단장의 모습이 안쓰럽기도 하면서 저도 모르게 웃음이 나올 정도였다고 기억한다. 평소 이상만의 성격을 잘 알고 있던 단원들 모두가 이상만이 어떤 마음으로 무대에 섰는지 이해하고 있었다. 이 세상 누구보다 무대에 서는 것을 가장 행복하게 생각하는 이상만이기에, 그가 행복해하는 모습을 보는 것만으로도 웃음이 나왔다고 한다.[70] 이상만은 심각한 부상에도 그저 무대에 서 있는 그 순간을 즐겼다.

이상만은 평소 무대에서 복화술 아닌 복화술을 자주 했다고도 한다.[71] 무대 앞을 보고 엄숙히 춤을 추다가도 뒤로 돌아서 있을 때는 소리 내지 않고 입을 움직였다. 뭔가 마음에 들지 않거나 잘 되지 않을 때 무대 위라 할지라도 파트너 또는 단원들에게 즉각적으로 자신의 의견을 전달했다.

---

69) 리(Lee)발레단 박경희 인터뷰, 2018. 7. 31.

70) 리(Lee)발레단 홍영기 인터뷰, 2018. 9. 15.

71) 리(Lee)발레단 임지영 인터뷰, 2018. 9. 15.

1. 〈Under Light〉(부제:예수) (2002) 이상만
2. 〈Under Light〉(부제:예수) (2002) 박경희

이상만

루돌프 누레예프

〈무녀도〉에서는 칼이 무대에서 잘 보이지 않았을 때, 〈금시조〉에서는 파트너와 듀엣을 하다가 동작이 잘 맞지 않았을 때, 그는 어김없이 복화술을 선보였다. 그가 얼마나 무대 하나하나에 공을 들이고 최선을 다했는지 짐작 가능케 하는 부분이다.

이상만은 부상을 당한 이후 한동안은 움직이지 못하고 쉬어야 했다. 그 기간 동안 치료를 받으며 발레를 주제로 한 조각 작품이 만들고 싶어졌다. 그래서 조각 선생님을 찾아갔고, 선생님은 이상만에게 따로 배울 필요 없이 본인의 느낌대로 만들어 보라고 조언해 주었다. 그때부터 그는 조각 작품을 만들기 시작했고 공연할 때도 작품을 전시하여 관객에게 선보였다. 이상만은 조각 작품을 통해서 관객들이 또 다른 발레를 감상하고 즐기기를 소망했다. 초기에는 브론즈로 시작하여 도자기로까지 발레 사랑이 이어졌다.

심지어 그는 자신이 훗날 죽게 된다면 발레 동작이 연상되는 관(棺)을 만들어서 들어가고 싶다는 말을 우스갯소리처럼 할 정도였다. 정말 이 정도면 그의 발레 사랑에 관해서는 모두가 혀를 내두를 정도이다. 그는 이후 지속적으로 장편 창작 발레를 하나씩 만들어 갔고, 바쁜 와중에도 초청 공연에 출연하거나 의뢰받은 소품을 제작하는 등 쉼 없이 발레에 몰두했다. 〈Under Light(부제: 예수)〉(2002), 〈오델로(Othello)〉(2003), 〈백조사냥〉, 〈아메리칸(American)〉(2005) 등 여러 작품에서 이상만은 발레에 대한 애정을 드러냈다.

〈백조사냥〉은 제목 그대로 백조가 사냥을 하는 내용으로, 백조의 우스꽝스러운 모습을 발레 동작으로 보여 주는 작품이다. 이상만은 작품을 준비하는 와중에도 누군가 공연을 의뢰하면 승낙했다. 어떤 날은 도저히 짬이 나지 않아 하루 날을 잡아서 밤을 새고 단원 모두가 안무를 맞춘 적도 있다. 〈백조사냥〉은 서라벌예대와 국립발레단에서 함께 했던 이득효[72]까지 우정 출연을 한 작품이다.

〈아메리칸〉(2005)은 이상만이 미국에 처음 도착해 받은 생경한 느낌과 미국에서의 생활을 녹여낸 작품이다. 음악은 그랜드캐니언이 연상되는 것으로 골랐고, 조지 발란신(George Balanchine) 스타일의 신고전주의 형식을 담았다.

〈Under Light(부제: 예수)〉(2002)는 교육문화회관에서 공연한 작품이다. 이상만은 예수 역할을 맡았다. 이때 머리에 가시관 같은 피스를 둘러썼는

72) 이득효는 중앙대학교를 졸업하였고 국립발레단 1세대로 활약하였다. 한국발레협회 부회장, 발레연구회 부회장, 아시아무용협회부회장 등을 지냈으며 이상만의 제1회 리(Lee)발레단 창단멤버이기도 하다. 오랜 기간 계원예고 무용과장으로 많은 후학을 길러 냈으며 2006년 발레협회 대상을 수상했다.

데, 나중에 알고 보니 배를 싸는 그물망 포장지 같은 것이었다고 한다[73]. 관객석에서는 진짜 가시관처럼 보였다.

리(Lee)발레단이 녹록지 않은 상황이고 단장 혼자 발레단을 끌고 가는 상황이다 보니 소품을 사기에도 변변치 않았다. 그래서 이상만은 무대에서 필요한 건 가능하다면 무엇이더라도 스스로 만들어야만 했다. 그래서 항상 대충 보지 않고 발레와 관련된 것이라면 눈여겨보았다. 그는 손재주도 좋아서 필요한 건 뚝딱 잘 만들어 냈다.

이상만이 직접 만든 예수 의상이 이슈가 된 적도 있다. 상반신을 드러내고 하체만 가린 짧은 의상이었는데, 골반 근처까지 깊게 파여 있어 공연이 끝나고도 두고두고 회자되었다. 이상만은 그런 것에 아랑곳하지 않았다. 이상만은 늘 무대에 오르기 전에 분장실 거울 앞에 서서 자신의 몸을 보았다. 발레로 다져진 자신의 몸의 탄력과 촘촘한 근육이 자랑스러웠던 그였다.

김명순은 리(Lee)발레단 공연 때 남자 분장실 문을 열다가 황급히 문을 다시 닫을 때가 있었다고 했다. 그럴 때는 항상 자신감 넘치는 모습으로 거울을 보고 있는 이상만을 마주했을 때라고 한다. 심지어 그는 루돌프 누레예프가 자신의 옆모습과 닮았다고 좋아하기도 했다고 한다. 그의 젊은 시절 〈지젤〉의 알브레히트(Albrecht) 역에서 긴 헤어스타일을 떠올리니 비슷해 보이기도 하다.

김명순은 그런 이상만을 보면서 춤출 수 있는 원동력이 되었다고 한다. 국립발레단 1세대로 함께했던 동료가 지금도 춤을 추는데 그럼 나도 춰야

73) 리(Lee)발레단 박경희 인터뷰, 2018. 7. 31.

〈금시조〉(2004), 이상만·임지영

하지 않겠느냐. 이런 생각을 들게 해 주는 사람 덕분에 지금까지도 춤을 출 수 있는 것 같다고 했다.[74] 김명순은 많은 후배들이 이상만을 알고 또 배웠으면 하는 마음을 드러냈다.

2004년 2월 이상만은 〈금시조〉(2004)를 리틀엔젤스 예술회관에 올렸다. 이 작품은 이황의 학통을 이어받은 영남 고유의 후예 석담과, 그의 제자

74) 김명순 인터뷰, 2018. 9. 13.

〈금시조〉(2004), 이창배·최송이·유은희·박경하·정지윤

고죽 사이의 애증과 갈등을 통해 예술이란 무엇인가를 다룬 작품으로, 제 15회 동인문학상 수상작품인 이문열의 『금시조』를 발레화하였다.

부모 없이 자란 고죽(이상만扮)은 숙부의 손에 끌려 그의 친구인 서예가 석담(이득효扮)에게 맡겨진다. 스승 석담은 고죽을 냉대하며 그를 문하로 거두지 않는다. 석담 밑에서 몰래 글을 훔쳐 배우다 혼이 나기도 하는데, 석담은 소질을 타고난 고죽에게 질투를 느껴 붓을 잡지 못하게 한다. 하지만 고죽의 재능을 알아본 석담의 친구 운곡(이창배扮)의 간청으로 고죽은 석담 문하에 정식으로 이름을 얹게 된다. 둘은 사제 관계를 맺게 되지만 고죽은 스승에게 더 배울 게 없다는 생각에 그의 품을 떠나게 된다. 고죽은 자신의 글을 팔아 생계를 이어 가며 쾌락의 길로 빠지게 된다.

1~2. 〈금시조〉(2004), 임지영
3. 〈금시조〉(2004), 이상만
4. 〈금시조〉(2004), 최송이·유은희·박경하·정지윤 외

어느 날 고죽은 법당에서 스승이 항상 쓰던 금시조(임지영扮)가 금빛 날개를 퍼덕이며 구만리 청천을 선회하다가 한 마리의 용을 잡아 올리는 광경을 본 듯한 착각에 빠지게 된다. 금시조의 벽화를 본 뒤 고죽은 석담에게 달려가지만 그는 유명을 달리한다. 석담은 고죽에게 관상명정(棺上銘旌)[75]을 쓰라는 유언을 남기고 고죽은 스승이 얼마나 자신을 사랑했는지

75) 관상명정 : 관(棺) 위에서 쓰는 명정(銘旌)으로 관상명정 또는 관명정이라 한다.

를 뒤늦게 깨닫게 된다. 이상만은 고죽이 불 속에서 금시조의 환영을 본 것은 석담의 뜻에 동조했다는 뜻이 아니라 일생 동안 자신을 끌고 간 미적 충동의 결과이며, 자신이 손으로 자신의 작품을 불태우는 행위야말로 고차원적인 예술지상주의자다운 행위라는 메시지를 표현하고자 했다.[76]

리(Lee)발레단의 김영화 단원은 2004년에 입단했다. 클래스와 분위기가 좋고 특히 단장님이 좋다는 소리를 듣고 전혜원 단원과 함께 리(Lee)발레단을 찾았다고 한다. 이상만은 소문대로 굉장히 유쾌하고 소탈했으며 섬세한 부분도 있었다. 김영화가 입단한 후 이상만과 함께한 첫 작품은 이상만이 주역을 맡은 〈금시조〉(2004)였다. 이 작품에 포함된 여러 요소들이 괜찮은 편이고, 알레그로(Allegro)[77]의 빠른 템포 부분도 다이내믹하다.

이상만의 발레 수업은 바와 센터는 클래식하게 진행되고, 미국식 모던한 스타일도 빠지지 않는다. 리(Lee)발레단에 입단한 신입 단원들은 발과 손의 반응을 바꾸어 내는 것이 어려워 당황하기도 한다. 그러면서 이상만이 가르치는 미국 스타일의 발레를 습득하게 되는데, 당시 발란신의 스타일은 한국에서는 잘 알려지지 않은 스타일이었다. 신입 단원들은 새로운 장르에 적응하기에도 버거운데 새로운 스타일의 춤을 춰야 하니 힘들었을 것이다.

미국풍의 발레, 유럽풍의 발레, 러시아풍의 발레는 기본적으로 아예 다른 느낌이다. 러시아풍의 발레는 신체의 모든 부분을 규격대로 정확하게

76) 금시조 공연 프로그램 참조.

77) 알레그로는 아다지오(adagio)와 함께 발레의 움직임을 구분할 때의 한 총칭이다. 알레그로는 원래 음악 용어로서 빨리, 활발하게라는 뜻을 지니고 있는데, 발레에서는 빠른 템포를 뜻하며 경쾌한 빠르게 춤추는 앙셰느망(enchaînement)을 말한다. 발레에서의 알레그로는 이탈리아 파(派)에서 시작되었다. 화려하고 격렬한 기질을 가진 이탈리아 사람이 이 스텝을 창조하였다(이태신, 『체육학대사전』 무용편, 민중서관, 2000).

이용한다. 하지만 이상만의 클래스는 발과 팔을 자유롭게, 많이 쓰는 것을 가르치고 선호한다. 미국풍의 발레는 규격보다는 미를 추구하며 감성을 전달하는 데 집중한다.[78] 그래서 동작이 조금 더 빠른 편이다. 탄듀(Tendu)[79]를 해도 좀 더 빠르게 쓴다. 음악을 좀 더 당겨서 쓰기 때문이다. 그리고 작품도 조금 더 창의적인 편인데, 어느 부분에서 손과 발이 들어가는 것이 돌발적이다. 이상만풍의 발레라고 콕 집어 말하긴 어렵지만 그만의 스타일이 있어 흥미로운 편이다.

〈금시조〉(2004)에서 금시조를 표현하기 위해 임지영은 몸에 착 달라붙는 유니타이즈를 입고 불새 같은 느낌을 주었다. 〈금시조〉의 움직임 대부분은 상당히 빠른 템포로 진행되는데, 세밀한 안무와 군무진들이 중간에서 들어가는 부분이 굉장히 신선했다. 김영화는 〈금시조〉 작품이 끝날 때쯤 전체적인 안무와 구성을 이해할 수 있었다고 했다. 군무의 알레그로 부분이 굉장히 빠른 편이라 강렬한 인상을 주었는데, 이상만이 원하는 게 무엇이었는지 뒤늦게 깨달았던 기억이 있다고 했다.[80]

이상만은 한자리에 머물지 않고 계속 흐르며 더 넓은 물길을 만드는 강 같았다. 자신이 소망한 한국적 발레인 〈금시조〉(2004)를 가지고 영국 리버풀(Liverpool)로 해외 초청 공연을 떠났다. 필하모닉 콘서트 홀(Philharmonic Concert Hall) 공연과 야외 공연으로 예정되어 있었다. 극장 공연과 야외 공연 모두 해야 하는 상황이었는데 야외 공연이 있던 날 작은

78) 이찬주, 『세계를 누비는 춤예술가들』 미국 정한솔 편, 글누림, 2017. p. 245

79) 한쪽 발에 몸의 중심을 두고 서서 다른 쪽 발을 턴아웃 상태로 최대한 포인트로 뻗는 자세를 말한다(이찬주, 『춤-all that dance』, p. 314).

80) 리(Lee)발레단 김영화 인터뷰, 2018. 9. 15.

사고가 일어났다. 이상만과 단원들이 머물던 숙소에 화재가 발생했고 화재 사이렌이 울리면서 소방관들이 호텔 안으로 들어가지 못하게 한 것이다. 홍영기 단원의 말에 의하면 다행히 큰 불은 아니었던 것 같다.

영국은 화재에 대한 경각심이 큰 편이라 평소에 화재를 대비한 연습도 많이 하는 편이다. 그 예로 로열발레단에서 활동하는 전준혁도 영국 생활을 하며 인상 깊었던 점 하나를 든 적이 있었는데, 춤을 추다가도 화재경보기가 울리면 지체 없이 모두가 건물 밖으로 걸어 나간다는 것이었다. 영국은 목조건물이 많은 데다가 오래된 건물이 많은 편이라 화재경보기가 울리면 건물 밖으로 바로 대피하는 것이 일상적인 것 같다는 의견이었다. 그리고 영국은 건물을 수리할 때 1층은 절대 건드려서는 안 된다고 한다. 오래된 건물과 그들의 전통을 지키고자 하기 때문이다.[81]

그때 리(Lee)발레단 단원들은 몸집이 큰 소방관들의 다급한 움직임을 하염없이 바라보며 숙소 앞에서 발만 동동 구르고 있었다고 한다. 이상만은 자신을 막아서는 덩치가 큰 여성 소방관을 급히 밀다가 잘못하여 그녀의 가슴 언저리를 밀쳤다. 그녀가 잠시 당황하는 사이 호텔 안으로 빠르게 들어갔다고 한다. 홍영기는 그 모습을 보고 걱정 반 고마움 반으로 여러 감정이 들었다고 한다.[82] 왜냐하면 호텔 안에는 리(Lee)발레단이 공연에 쓸 모든 의상이 고스란히 남아 있었고, 모두가 당황한 사이 이상만은 의상을 죄다 꺼내 오기 위해 위험을 무릅쓴 것이기 때문이다.

다행히 모든 의상을 들고 나왔으나 군무 의상 하나를 이상만은 챙겨 오

---

81) 이찬주, 『세계를 누비는 춤예술가들』 영국 전준혁 편, p. 182.

82) 리(Lee)발레단 홍영기 인터뷰, 2018. 9. 15.

지 못했다. 파드되 주역을 맡은 박경희의 군무 의상을 빌려주고 그녀는 자신의 주역 의상을 입고 군무를 마쳤다.[83] 리(Lee)발레단은 다행히 공연을 무사히 마칠 수 있었다. 영국 리버풀 축제에는 당시 약 20개국이 참가했는데, 주최 측은 한국에서 온 리(Lee)발레단에 대해 예우가 좋았다. 영국 리버풀대학교 기숙사에 머물며 식사도 제공받았다. 아마 동양의 나라 한국에서 온 리(Lee)발레단의 모든 것이 남다르게 보여서 그랬던 건 아닐까 싶다.

쓰개치마와 갓을 쓰고 나온 남녀의 파드되가 그들 눈에는 생경함 그 자체였을 것이다. 서구식의 드러내고 표현하는 사랑과는 달리, 잡힐 듯 잡히지 않고 요리조리 피하며, 손끝만 닿아도 수줍어하고, 피하다가도 살포시 안기는 사랑 표현이 신선하고 특이했던 모양이다. 주최 측은 무대 바로 양옆의 가장 가깝고 좋은 분장실을 리(Lee)발레단에게 두 곳이나 배분해 주었다. 나머지 다른 팀은 여러 팀씩 공동으로 큰 대합실 같은 분장실을 쓰는 데 말이다.

리허설 때도 남다른 대접을 받았다. 참가 팀이 많아서 공연 중간까지만 보고 신호를 주며 리허설을 짧게 끝낸다고 했는데 리(Lee)발레단의 리허설은 작품 처음부터 끝까지 진행되었다. 그들은 리(Lee)발레단에게 무척이나 호의적이었고 한국적 발레에 큰 관심을 보였다. 공연이 다 끝난 다음 이어진 파티에서는 디렉터가 리(Lee)발레단의 공연을 극찬하기도 했다.

해외 공연에서 서구의 발레인 〈백조의 호수〉, 〈지젤〉, 〈호두까기 인형〉을 가져가서 잘해 낸 것보다, 우리의 창작 발레를 가져가서 호평을 받은

---

83) 리(Lee)발레단 박경희 인터뷰, 2018. 10. 4.

1. 뉴욕의 이상만 저택에서(2006)
2. 뉴욕 5번가

것에 대해 이상만은 흐뭇함을 감출 수 없었다. 관객들에게도, 관계자들에게도 많은 호응을 끌어내고 박수갈채를 받았다. 영국인들은 리(Lee)발레단에게 우아하고(Elegant), 고상하고(Graceful), 화사하다(Colorful)는 찬사를 아낌없이 보냈다.[84] 이상만은 우리가 왜 한국적 발레를 끊임없이 해야 하는지에 대한 목적성을 스스로 상기시키고 고취시키기에 충분했다고 그 날을 떠올렸다. 영국 초청 공연 이후 리(Lee)발레단은 미국으로 정기 공연을 하기 위해 떠났다.

뉴욕 공연을 가기 위해 들른 공항에서 이상만의 셋째 형인 이상오가 배웅을 나와 주었던 날이었다. 리(Lee)발레단에서는 단장이지만 형 앞에 선 이상만은 어리광을 부리는 막내에 불과했다. 우리 상만이 좀 잘 챙겨 달

84) 리(Lee)발레단 홈페이지 www.leeballet.co.kr

〈춘향〉(2008), 임지영·이수진

라며 이상오는 더 어린 박경희에게 동생을 부탁하기도 했다.[85]

〈춘향〉은 다른 작품에 비해 의상과 소품이 다채로웠다. 기생 역을 맡은 무용수들의 복장은 어우동 같았고, 쪽진 머리에 장식된 비녀마저 화려했다. 이상만은 하얀색 도포에 갓을 쓰기로 되어 있었는데 공항에서부터 벌써 신이 나서 갓을 들고 다니기도 했다.

공연이 끝난 뒤 이상만은 자신의 미국 집으로 단원들을 초대했다. 영화에서 나오는 미국 가정집처럼 크기가 크고 지하층도 있는 집이었다. 다 함

85) 리(Lee)발레단 박경희 인터뷰, 2018. 7. 31.

ChunHyang
Thursday. December. 14. 2006. 8:00 p.m.
Pace University
Michael Schimmel Center for the Arts
Pace Plaza N.Y.N.Y. 10038
리LEE BALLET발레
For tickets information : Box office 212-346-1715
Support : Arts Council Korea

1~3. 〈춘향〉(2006), 미국

1~4. 뉴욕 스텝스(Steps)

1. 〈춘향〉(2008)
2. 〈춘향〉(2008), 이상만·박경희

1. 〈춘향〉(2008), 박경희
2~3. 〈춘향〉(2008)
4. 〈춘향〉(2008), 이상만·박경희

께 정원에 모여 이상만의 아내가 이것저것 준비해 준 음식에다 바비큐도 해먹었다. 이상만을 포함한 열다섯 명의 리(Lee)발레단 식구들은 밤새 먹고 즐기며 이야기꽃을 피웠다.

이처럼 공연이 끝나면 이상만은 늘 단원들과 회식을 하며 마지막까지 즐거운 분위기를 만들어 내는 편이었다. 단원들의 표현에 의하면, 이상만은 마치 유쾌한 소년 같았고 스스로 행복하다고 느끼며 삶을 즐기는 사람이었다. 맥주 한 잔만 마셔도 기분이 좋아져 온몸을 바쳐 리(Lee)발레단 단원들을 웃겨 주었다. 이상만은 단원들은 그가 단장이나 대표 그 이상의 사람이었다고 입을 모아 말한다.

"우리 때는 남자들의 발레 역사가 짧아서 뚜르 앙 레르를 두 바퀴 돌고 나면 천부적인 재질이 있다고 했어. 지금은 몇 바퀴도 돌지만 말이야. 그리고 뉴욕에 있을 때는 무용 수업을 듣고 싶어서 오디션을 여러 군데 보러 다녔어. 어느 날은 몸을 풀려고 오디션을 신청하고 무용복을 챙겨 갔는데, 글쎄 가만히 앉아서 다리의 포인트(Point)하고 턴 아웃(Turn out)만 보여 주고 그걸로 1차를 가리더라고. 그래서 몸도 못 풀고 집으로 돌아왔지.[86] 외국 아이들은 나보다 기본기가 잘되어 있어. 아무리 기술적인 부분에서 그들보다 나이가 어려도 뚜르 앙 레르나 수브르 소(soubre saut)[87] 같은 기본 동작들은 그들이 훨씬 낫지. 어려서부터 했으니까."

이상만은 이런저런 이야기들을 나누며 단원들을 다독이며 격려하는 동시에 스스로 해이해지지 않도록 붙잡았다.

리(Lee)발레단 단원들은 미국 공연 후 맨해튼 관광도 하면서 휴식도 즐겼다. 그리고 스텝스, 조프리발레센터(Joffrey Ballet center), 브로드웨이 댄스센터(Broadway Dance Center) 등의 뉴욕 5, 8번가의 여러 발레센터를 골

---

86) 리(Lee)발레단 임지영 인터뷰, 2018. 9. 15.

87) 발레용어로 수직도약 후 제5포지션이다. 말이 놀라서 뛰어올랐을 때와 같은 도약을 말한다. 즉, 두 발로 마룻바닥을 차고 뛰어올랐다가 두 발이 함께 내려오는 도약의 스텝이다. 몸을 곧추세우고 하는 점프로 양다리는 달라붙어 있고 바뀌지도 않는다(발레용어사전).

이상만

라 연수 클래스 시간도 가졌다. 이상만은 가족과 함께 있으면서 리(Lee)발레단이 묵은 숙소를 오가며 단원들을 살뜰하게 챙겼다.

미국에서 약 2주간의 일정을 마치고 리(Lee)발레단은 귀국했다. 이상만은 그 후로도 지속적으로 리(Lee)발레단을 이끌고 미국 공연의 끈질긴 노력 끝에 〈춘향〉이라는 작품으로 결실을 맺게 된다.

2) 한국 발레사의 한 전설

이상만이 심혈을 기울인 〈춘향〉은 2006년 10월에 미국 해외 공연에서 단막으로 첫선을 보인 뒤 2008년 6월에 이르러 전막으로 완성된 작품이다. 〈춘향〉의 줄거리는 다음과 같다. 남원부사(南原府使)의 아들 이몽룡과 퇴기(退妓) 월매(정은아扮)의 외동딸 춘향이 서로 사랑에 빠지게 되었으나, 이몽룡의 아버지가 서울로 거처를 옮기게 되며 두 사람은 안타까운 이별을 하게 된다. 이때 새로 부임한 남원부사 변학도는 춘향이 자신의 수청을 들지 않는다는 이유로 감옥에 가두고 고초를 받게 하여 사경(死境)에 빠뜨린다. 서울로 간 이몽룡은 과거에 급제하여 암행어사가 되어 남원으로 내려온다. 이몽룡(이상만扮)은 남원부사 변학도(송창호扮)의 생일 잔칫날 각 읍의 수령들이 한데 모인 자리에서, 통쾌하게 어사출또를 하여 부사를 파직시키고 춘향(박경희扮)을 구해 내어 백년해로한다는 이야기이다. 이상만은 우리가 잘 알고 있는 춘향전의 이야기에 방자(이수진扮)와 향단이(임지영扮)의 혼례식이라는 가상의 이야기를 추가하여, 모두가 화창한 날을 맞이한다는 내용으로 각색하였다.

이상만은 〈춘향〉의 무대에 오를 당시 60대였다. 그는 스스로 나이에 대한 한계를 무너뜨리기 위해 자신을 열정적인 발레리노로 각인시켰다. 60대 이상만이 이몽룡 역할을 맡아 생겨났던 우려는 그가 무대에 올라 첫발을 내딛고 사라졌다. 이상만은 스스로 끊임없이 자신의 열정을 믿어 왔다. 그렇기 때문에 현실적인 악조건 속에서도 민간 발레단인 리(Lee)발레단을 꾸려 나갈 수 있었을 것이다. 그에게 〈춘향〉은 춤에 대한 자신의 집념과 열정이 만들어 낸 뜨거운 결실 그 자체이다.

이상만이 만들어 낸 한국적 소재의 발레는, 민속발레라는 장르를 창조할 정도로 파급력이 있었다. 그의 안무는 해외에서 호평을 받았고, 작품 구성뿐만 아니라 민속적 색체가 강한 음악, 의상, 소도구까지 모두 강렬한 인상을 주었다. 〈춘향〉에서 눈여겨볼 소품은 '붓'인데, 도입 부분에서 붓으로 서예를 하는 장면이나, 이몽룡과 춘향이 서로 사랑하는 장면에서 붓을 가지고 장난하는 장면, 어사출또 직전에 붓으로 시구를 휘갈기는 장

면 등 붓은 여러 가지 의미를 갖고 많은 장면에서 쓰인다.[88]

〈춘향〉의 마지막 부분에는 춘향이 대례복을 입고 걸어가는 장면이 등장한다. 이 대례복은 이상만이 손수 만든 것으로 정말 왕비가 입었던 그것처럼 멋있었다. 이 의상뿐만 아니라 가야금도 직접 만들었는데 나무로 만들면 무거울 것 같아서 스티로폼에 색을 칠해서 만들었다고 한다. 소품으로 쓰인 옥이 박힌 칼 역시 스티로폼에 색을 칠해 만들었다. 이상만은 미술적 감각이 뛰어난 편이라 한 번 보고는 밤새 뚝딱거려 그럴싸하게 만들어 냈다.

사실 말이 쉽지 발레단을 이끌면서 안무도 창작하고 의상부터 소품까지 만드는 것은 정말 어려운 일이다. 종합예술인 발레에서 대본, 연출, 음악편집, 무대세트, 소품, 조명, 의상 등 모든 것을 총괄을 넘어 자체 제작하는 이상만은 전설적인 인물이다. 여성스러운 섬세한 성격에 바느질마저 꼼꼼하게 잘했던 그는 진정한 팔방미남이었다.

하나부터 열까지 자신의 손을 거쳐야 하나의 공연이 무대 위에 오를 수 있었다. 그런 까닭에 이상만은 자신의 공연을 처음부터 마지막까지 완벽하게 꿰고 있었다. 이몽룡 역을 맡은 이상만은 춘향과의 파드되도 아주 멋있게 만들었는데, 연기와 춤이 균형을 맞출 수 있도록 완벽하게 안무를 짰다. 평소에는 너털웃음을 짓고 다니던 그도 작업이 시작되면 완벽주의자의 면모를 보여 주었다. 단원 모두에게 동작은 물론 세심한 표현까지도 상세히 가르쳤다.

이상만은 이몽룡 역을 누구보다 잘해 내고 싶은 마음이 컸기 때문에 배

---

88) 이상일, 『몸』 2008년 7월호, pp. 75~76

낭을 메고 산에도 자주 오르며 체력도 키웠다. 그간 쌓은 자신의 경험을 최대로 표출하기 위해 안무에도 공을 들였다. 그에게 〈춘향〉은 다른 작품보다 훨씬 더 큰 의미를 지녔기 때문이다. 노쇠한 발레리노이지만 후배들에게 귀감이 되고 또 물려주고 싶은 작품이었기 때문이다.

박경희는 이상만이 안무 짜는 것을 보고 있자면 '이 사람은 보통 사람이 아니구나.'라는 생각이 절로 들었다고 한다.[89] 리(Lee)발레단 단원들 역시 배울 것이 많다는 이유로 그와 함께했고, 그래서 리(Lee)발레단은 오래 존속될 수 있었다. 박경희는 발레를 배우면서 테크닉적인 부분뿐만 아니라 안무를 창작하는 능력과 창의적 상상력도 덩달아 늘었다고 말했다.

이렇듯 리(Lee)발레단 단원들은 이상만이 몇 시간짜리의 대작 안무를 만드는 것을 지켜보면서 많은 것들을 배울 수 있었다. 그들은 이상만이 즉각적으로 안무를 창작하는 과정을 지켜보며 매번 놀라움을 금치 못했다. 단원들은 이상만이 서 있는 자리에서 즉흥적으로 안무를 만들어 내는 모습을 보며 그의 번뜩이는 아이디어를 입 모아 칭찬했다. 하지만 안타까운 점도 많았다. 이상만은 자신이 배역을 맡은 파드되 장면은 마지막에 마지막까지 수정을 거듭했는데, 멋있게 잘 만들어 놓고서도 수고스럽게 몇 번이고 반복해서 고쳤다.

박경희는 자신의 무대에 유달리 철저했던 이상만이 좋은 안무를 완성하고서도 바로 공연 날을 앞두고 밤을 새서 고쳤던 일을 떠올렸다. 이상만은 리(Lee)발레단의 단장으로 안무, 무대장치, 의상, 티켓 상황 등 총체적인 것을 관리하면서도 어느 하나 놓치지 않고 완벽하게 이끌어 내면서 자

89) 리(Lee)발레단 박경희 인터뷰, 2018. 7. 31.

〈바람의화원〉(2010), 이상만

1. 리발레단 무용실
2~3. 〈바람의화원〉 리허설(2010), 이상만·임지영·송창호·정은아·이용택

1. 〈바람의화원〉(2010), 지다영
2~3. 〈바람의화원〉(2010), 정미라
4. 〈바람의화원〉(2010) 벼타작, 홍영기·홍영욱·정다움·안연화
5. 〈바람의화원〉(2010), 이상만
6. 〈바람의화원〉(2010) 단오풍정, 이유미

1. 〈바람의화원〉(2010) 검무, 이유미(청)
2. 〈바람의화원〉(2010) 검무, 최선미(홍)

신의 연습 시간까지 만들어 내기에는 턱없이 부족했다. 그의 멋진 무대 안무가 왜 온전히 선보이지 못하게 되었는지가 가히 짐작된다.

사실 무용 공연이라는 것이 지원금을 받는다고 해도 턱없이 모자라고, 공연 횟수가 늘어나면 늘어날수록 적자만 남는다는 것은 공공연한 사실이다. 오죽하면 무용을 하는 사람들 사이에서는 차라리 공연을 안 하는 게 낫다는 말이 있을 정도이니 말이다. 하지만 이상만은 생활고에 시달리면서도 한국 발레를 만드는 일에 손 떼지 않았다. 이상만은 모든 작품에 큰 애정을 품고 있었다. 언젠가 필자가 그에게 남다른 애착을 갖고 있는 작품이 있냐고 물어보았을 때, 그는 이렇게 답했다.

> *"다 내가 낳은 작품이라 좋고 안 좋은 게 어디 있겠느냐. 자식과 똑같지. 그런데 여기를 좀 더 이렇게 했으면 좋았을 텐데 하고 후회가 남는 작품이 있기는 하다."*

그는 후회가 남는 작품으로 삼성 측의 지원을 받아 제작한 〈아리랑〉을 꼽았는데, 삼성르노자동차가 일본에 진출하면서 〈아리랑〉 재공연 지원이 무산되었던 점이 아쉬웠다고 한다. 그리고 작품 모두가 다 소중하지만 그 중에서 〈바람의 화원〉(2010)에 유별나게 애착이 간다고 말했다. 원래 2009년 6월에 계획했던 공연이었으나 그의 암 투병으로 공연일이 미뤄지게 된 작품이다.[90] 1월에 시작한 치료가 8월이 되어서야 끝이 났고, 그 후 5개월간 회복기를 거치며 이상만은 이번 작품이 자신의 마지막이 될지도 모른

90) 김예림, 「김예림이 만난 예술가들 – 이상만」

다는 생각이 들었다고 한다. 그래서 그 어느 때보다 더 열심히 준비했기 때문에 더 소중하다고 했다.

〈바람의 화원〉(2010)은 18세기 후반의 화가 김홍도와 신윤복의 삶을 다룬 이정명의 소설을 원작으로 한다. 이상만은 원작이 갖고 있는 동양적인 소재에 발레를 더하여, 클래식 발레의 이념을 뛰어넘는 순수한 한국 창작 발레를 완성했다. 스승과 제자이면서도 서로 경쟁하는 두 천재 화가 김홍도(이상만扮)와 신윤복(임지영扮), 부친인 사도세자의 억울한 죽음과 비밀을 밝히려는 슬픔을 간직한 왕 정조, 그리고 자신의 영달을 위해 무슨 일이든 서슴지 않는 시전 행수 김조년(송창호扮), 인물화에 능한 서징(정미라扮)의 죽음, 이루어질 수 없는 사랑을 껴안고 사는 기생 정향 등의 삶이 무대에서 한데 어우러진다.

〈바람의 화원〉은 샤머니즘과 에로티시즘, 유미주의 고전적 아름다움을 모두 갖춘 발레로, 2시간에 걸쳐 무대에서 그 시대를 재조명했다.[91] 이상만은 〈바람의 화원〉(2010)에서 김홍도의 역을 맡아 천재 화가의 예술과 삶을 열연했다. 이상만은 암 투병을 하며 이 작품을 만들었기 때문에, 여태껏 제작한 어느 작품보다 더 많은 시간을 들여 제작했다.

한편 리(Lee)발레단 단원들은 이 작품은 무대에 올리기 어렵겠다고 생각했다고 한다.[92] 보통 작품 제작에는 6개월에서 1년 정도의 시간이 걸리는 편인데, 이 작품은 총 1년 반 정도의 시간이 걸렸다. 이상만은 단원들의 걱정과 우려에도 병마와 싸워 가며 결국 국립극장 해오름대극장에 이 작

91) 〈바람의 화원〉 공연 프로그램 참조

92) 리(Lee)발레단 홍영기 인터뷰, 2018. 9. 15.

1~5. 〈바람의화원〉(2010) 무동줄타기, 홍영기

품을 올리는 데 성공한다.

그래서인지 〈바람의 화원〉(2010)은 이상만에게 더욱더 큰 의미를 갖는다. 끔찍한 육체의 고통을 이겨 내며 완성시킨 작품이기에 더 소중했을 것이다. 그래서 이상만은 무대에서 조금 더 오래 관객에게 이 작품을 선보이고 싶었다. 이 작품은 총 2시간 동안 무대에서 펼쳐지는데, 이상만이 어떤 마음으로 무대에 섰을지 조금이나마 알 수 있을 것 같다.

〈바람의 화원〉에 쓰이는 의상 역시 이상만이 직접 손수 제작했다. 의상을 제작하기 위해 동대문시장으로 가는 길에 갑자기 다리에 마비가 온 적이 있었다고 한다. 이상만은 겁이 나거나 두렵기보다는 화가 났다고 한다. 얼른 재료를 사서 옷을 만들어야 하는데 다리가 말을 듣지 않아 화가 났고 다리를 꼬집어 가며 달랬다고 한다. 결국 다리 마비가 심해져서 정신 차리기가 힘든 지경이 되었고, 그는 동대문시장을 지나쳐 남대문시장으로 향했다. 이상만은 결국 동대문시장에서 걸어 남대문시장까지 걸어갔고 저녁이 되어서야 무용실로 돌아올 수 있었다.

국립극장 대극장은 대관료가 매우 비싼 편이다. 리(Lee)발레단은 이틀짜리 공연을 준비했는데 무대 설치, 조명 준비, 춤에 대한 리허설을 포함해서 총 4일 정도를 대관해야만 했다. 하지만 자금이 부족해 울며 겨자 먹기로 총 3일 동안만 대관할 수 있었다. 리(Lee)발레단 단원들은 어찌 되었든 무대에 오를 날만을 기다렸다. 그래도 조금이라도 짬을 내서 리허설을 한 번 해 볼 수 있을까 하는 마음이 들기도 했다고 한다.

하지만 무대를 설치하고 장치를 준비하는 데 하루가 꼬박 걸렸고, 단원들은 무대에서 리허설을 할 수 없었다. 모두 아쉬운 마음만 가득했는데 누군가 무대에 오르지 못하더라도 로비에서라도 모여서 맞춰 보자고 말했다. 그들은 바를 잡는 대신 난간을 부여잡고 연습했다. 불 꺼진 복도에서 가로등 빛을 조명 삼아 한마음으로 몰래 연습했다. 핸드폰에서 흘러나오는 음악을 들으며 추었던 그날의 '달빛 무용'을 모두가 기억한다.

공연 당일인 첫째 날에는 단원 모두가 리허설을 하지 못한 탓인지 오랜 시간 공연이 이어졌다. 단원들은 농악 장면이 너무 힘에 부쳐 '농악이 아니라 농약'이라고 실없는 농담을 하기도 했다. 〈바람의 화원〉(2010)은 장장 2시간 동안 이어지는 장편 발레로 무용수들이 교대로 몇 번이고 옷을 갈아입으며 무대에 다시 올라야만 했다. 몇몇 단원들은 다리가 풀려 구부러지지 않아 고생을 하기도 했다. 임지영은 몸이 경직되어 잘 구부러지지 않아 연신 파스 뿌리기에 바빴다고 그날을 회상했다.[93] 그런 임지영에게 이상만은 자신에게 오로지 의지하라고 주문하기도 했다.

〈바람의 화원〉(2010)은 역대 가장 연습 기간(Term)이 긴 공연이었기 때문에 리(Lee)발레단 단원 모두가 아주 힘들었던 공연으로 기억하고 있다. 하지만 이상만의 건강 상태로 1년 반 만에 오른 무대여서인지 단원 모두 남다른 포부로 임했다. 그것은 이상만도 마찬가지였다. 그는 무대를 장식하는 배경 막의 그림까지도 모두 자신의 손으로 그렸다. 발레단 살림이 어려워서 배경 막을 사거나 빌릴 수도 없었기 때문이다. 어쩔 수 없는 상황에서 이루어진 일이지만, 매번 그의 남다른 솜씨와 아이디어는 단원들을 놀라게 했다.

러시아 안무가 중에서도 이상만처럼 그림을 잘 그리는 이들도 있다. 갈레이조프스키(Galeizovsky)는 직접 구상한 동작을 그림으로 그려 주변에

---

93) 리(Lee)발레단 임지영 인터뷰, 2018. 9. 15.

보여 주곤 했다. 그는 몸의 근육과 운동감을 그림으로 생생하게 그려 표현했다. 블라디미르 바실리예프(Vladimir Vasiliev)[94]도 볼쇼이극장 로비에 자신이 그린 작품을 전시하기도 했다.[95] 하지만 대극장에 올리는 대작의 모든 종합예술을 자신의 손으로 총체적으로 만들어 내는 발레리노는 없을 것이다. 이것이 이상만이 '한국 발레사의 한 전설'이라 불리는 이유다.

리(Lee)발레단의 연습실은 그리 크지 않다. 이상만은 〈바람의 화원〉, 〈김삿갓〉 등 대작을 연습할 때는 무용수들의 움직임의 크기와 반경이 제각기 달라 어려움을 겪었다. 리(Lee)발레단은 주로 국립극장 대극장, 예술의 전당, 리틀엔젤스회관 등에서 대작 공연을 했는데, 협소한 연습실에서 연습하다 보니 고민이 이만저만이 아니었다. 그래도 〈바람의 화원〉만큼은 큰 연습실에서 연습해 보고 싶은 마음에, 박재근(상명대 교수)의 연습실에 1주일에 2회 정도 방문해서 연습했다. 마음 같아서는 매일 같이 부탁해서 연습실을 빌리고 싶었지만 그러기도 뭐했다. 그래서 압구정동에 있던 'The Ballet'이라는 큰 규모의 연습실을 구했다. 연습실 대관료는 약 18만 원 정도였는데 단원들이 십시일반 도와주었다. 리(Lee)발레단 단원들은 그저 발레가 좋아서 모이는 사람들이었다.

이상만은 항상 단원들에게 무언가를 해 주고 싶었지만 매달 나가는 관리비와 운영비를 해결하기에도 벅찼다. 이상만의 마지막 작품이었던 〈무

---

94) 바실리예프(1940~)는 1958년에 모스크바 발레 학교를 졸업하고 볼쇼이 발레단의 솔리스트로 입단하였다. 은퇴하기 전까지 그의 이름은 러시아 남성 무용수들의 맨 위에 있는 존재였다. 1964년 '바르나 콩쿠르'에서 우승한 것을 시작으로 파리의 '니진스키 콩쿠르'에서도 우승하면서 그는 해외에서도 명성을 날렸다. 1995년 그리가로비치의 퇴임 이후 볼쇼이 발레단의 예술감독으로 취임했다. 그는 안무가인 동시에 또 재능 있는 화가로 특히 러시아의 풍경을 즐겨 그렸다(http://popy21.hihome.com).

95) 김순정, 「선한 웃음 속의 강인한 실천가 – 이상만」

상〉이 끝나고 그가 병원 신세를 지고 있을 때는 리(Lee)발레단 월세를 내기도 힘들었으니 말이다. 이상만이 이 세상을 떠나는 그날까지 그의 생활과 리(Lee)발레단 운영은 녹록지 않았다.

> *"유명한 장면만 모아서 갈라 공연하면 돈이야 되겠죠. 그런 토막 공연하기가 싫어요. 꼭 전막(全幕)으로 창작하겠다고 결심했고 1년에 1편씩 했어요."*[96]

라고 그가 말한 적이 있다. 혹독한 병마와 생활고에도 불구하고 창작발레에 대한 그의 신념은 확고했다. 리(Lee)발레단을 이끌어 나가는 입장에서 힘에 부치고 화나는 일도 많았겠지만, 그는 리(Lee)발레단이 있어 존재할 수 있었다.

이상만은 리(Lee)발레단 단원들에게 화를 낼 때도 있었다. 단원들은 '코믹한 화냄'이라고 기억한다. 이상만은 연습하다가 화가 솟구치면 "다들 가방 싸서 나가요!" 소리를 질렀다. 그러고는 본인이 밖으로 나갔다가 단원들에게 전화하는데, 단원들이 "단장님, 저희 (연습실에서) 기다리고 있어요."라고 말하면 금세 화가 풀려 다시 웃던 이상만이었다. 어떨 때는 혼자 영화를 보러 가거나 혼자 나가서 화를 풀고 돌아오기도 했다. 항상 단원들에게 해 주는 것이 없다는 마음에 화를 내면서도 미안한 마음이 더 컸던 것 같다고 했다.[97]

---

96) 송종건, 「초창기 국립발레단 주역무용수 이상만 인터뷰」

97) 리(Lee)발레단 임지영 인터뷰, 2018. 9. 15.

단원들은 낮에는 생계를 위해 본업을 해야 했고 항상 저녁 9시가 되어서야 연습실에 모일 수 있었다. 그래서 다들 마음은 그렇지 않더라도 몸은 상당히 지칠 수밖에 없었다. 서로 다 같은 입장이라는 걸 이상만은 알고 있었다. 그래서 서로 스트레스 받지 않도록 주의했다. 이상만은 본인도 지치고 속상했지만 항상 분위기를 밝고 재미있게 끌고 가려 노력했다. 그들은 서로가 끈끈한 사랑 그 자체였다.

자기가 하기 싫으면 돈을 주더라도 하기 싫은 게 사람 마음이다. 리(Lee)발레단 단원들은 돈보다 앞서 춤이 재미있었고, 서로 함께하는 것이 즐거웠기 때문에 힘들어도 모였다. 개인 사정이 생겨 리(Lee)발레단을 떠났다가도 다시 돌아왔다. 떠나더라도 이상만과의 연을 끊지 않고 몇 번이고 되돌아왔다. 리(Lee)발레단과 이상만은 단원들에게 집 같은 존재였다. 그래서 이상만은 리(Lee)발레단에 자부심을 가졌다.

리(Lee)발레단은 정단원이 15명이다. 객원 무용수를 포함해서 훨씬 더 많이 출연하기도 한다.

"단원들은 스스로 찾아온 사람들입니다. 제가 1995년에 한국에 와서 한 명 한 명 인연을 맺게 된 사람들이고, 절반 이상이 10년 넘은 고참 단원들입니다. 연습은 일주일에 3번 정도이고 저녁 9시부터 시작돼요. 일요일에만 1시부터 6시까지 연습을 하죠. 단원들 모두 개인적으로 하는 일이 있으나 힘들지만 어쩔 수 없어요. 단, 공연이 있을 때는 더 자주 모입니다."

이상만은 리(Lee)발레단의 취지를 이렇게 밝힌 바 있다.

"물론 스타일을 맞춰 가는 과정이 필요합니다. 단원들은 제 발레가 좀 다르다고 말합니다. 우선 한국적 발레를 위해 한국 춤을 알아야 하고, 캐릭터 댄스 등 다방면에 경험이 필요합니다. 제가 추어 온 미국 스타일은 러시아와 다릅니다. 자유롭지만 클래식에 대한 나름의 해석과 스타일이 있고, 발란신 스타일은 필수죠. 그리고 한국 춤을 열심히 배운 영향이 작품에 드러나 있습니다. 여러 가지가 복합되어 있는 것이 저는 편합니다."[98]

김명순은 '춤을 늦게 배운 이상만이 외국에 가서 얼마나 노력했을까?'라는 생각에 스스로 눈이 빠지게, 몸이 부서져라 했을 거라는 답을 내렸다고 한다.[99] 이상만은 누레예프도 마고트 폰테인도, 수잔 파렐과 알렉시아 알폰소도 눈에 담으며 14년이라는 긴 시간 동안 미국에서 공부를 하고 돌아왔다. 포킨의 아들인 비탈리 포킨이 클래스의 다른 이들에게 "이상만같이 하라."고 말했을 정도로 그는 낯선 땅에서도 누구보다 열심히 했다. 이상만은 누구보다도 절박했고 누구보다도 열정적이었다.

결혼 후에 가정을 꾸리고 자녀가 생기고 나서도 그 열정은 식지 않았다. 아기를 실은 유모차를 곁에 두고 클래스에 참석하기도 했지만 아이들에게는 누구보다 다정한 아빠였다. 아내가 병원에 출근하고 나면 하루 종일 아이를 돌보고 씻기고 먹이고 재우며 아빠 노릇도 톡톡히 해냈다. 귀국 후 아내와 아이들을 다시 미국으로 보내고 나서는 굶어 가면서도 춤을 췄

98) 김예림, 「김예림이 만난 예술가들 - 이상만」

99) 김명순 인터뷰, 2018. 7. 31.

다. "힘들 때면 생각했어요. 이렇게 하다 보면 길이 있겠지."[100] 이상만은 이렇게 말한 적이 있다.

그러면서도 그는 한국에서 살면서 한국인의 정취를 가장 많이 느끼며 산다는 것은 자신에게 가장 행복한 일이라 했다. 한국 창작품을 만들 때마다 얼마만큼 발레로서 멋스럽게 만들까보다는 얼마만큼 발레로서의 한국적인 멋을 낼 수 있을까를 항상 고민해 왔으며, 외국에서 들어온 발레로 인하여 어린 나이부터 트레이닝에 의해 몸의 체형이 어느 정도 바뀌겠지만 얼굴과 내면의 마음은 외국인이 될 수는 없다고 한다. 덧붙여 한국에서 살아가면서 자연스럽지 않은 외국인의 흉내를 내며 세계화에 가까워지려는 모방은 멋스러울 수 있지만 껍데기일 뿐이라 여겼다. 그는 자신이 내 나라에서 내 얼굴로 나의 정신을 표현하는 것처럼 편안한 것은 없는 것 같다며 그동안 한국적 소재로 여러 작품의 안무를 창작해 왔지만 어려움에 부딪치게 되는 것은 발레가 서양인들의 틀에 맞게 해석해야 되는 부분이기 때문이라고 했다.[101]

하지만 "서양 발레를 원하는 관객에게 한국 발레를 보여 준 게 무리였을지도 모른다."[102]라고 말했다. 혹독하게 자신을 채찍질하며 한길만을 걸어온 그도 때때로 자신이 가고 있는 길이 맞는지 아닌지 의심되기도 했을 것이다. 하지만 그는 한국 발레를 위해 사비를 털어 가며 열중했다. 어느 날은 너무 속상해서 김명순을 붙잡고 하소연을 하기도 했다. 무용계에서

100) 「항암제 세게 쓸 수 없어… 난 발레를 해야 하니까」, 『조선일보』 2012. 12. 2.

101) 이상만, 「김삿갓 – 공연에 앞서」, 2011년 6월 11일

102) 송종건, 「초창기 국립발레단 주역무용수 이상만 인터뷰」

자신을 알아주지 않는다고 투덜투덜 거릴 때도 있었다. 공연을 마치고 문득 외로운 날에는 자신의 작품에 주역으로 많이 참여했던 예술적 동지이자 제자인 박경희에게 속마음을 털어놓기도 했다.

예술가들은 누구나 한 작품을 끝내고 나면 허탈함이 밀려온다. 일을 무사히 마친 것에 대한 안도일 수도 있고 아쉬움의 한숨일 수도 있다. 공연이 끝나고 난 뒤면 텅 빈 무대처럼 마음이 공허해지기도 한다. 이상만은 공연이 끝난 뒤에는 꼭 단원들과 회식 자리를 가지며 이런저런 얘기를 나누는 편이었다. 공연에 대한 평을 나누다 보면 어느새 조금 더 발전해 있기 때문이다.

그리고 가끔씩은 미국에 있는 그리운 가족 이야기도 나눴다. 더불어 스승 임성남에 대한 이야기도 하고, 생활고에 대해 푸념하면서 자금이 넉넉했으면 더 좋은 작품을 만들었을 거라는 아쉬움을 털어놓기도 했다. 공연이 시작되면 늘 돌진하기 바쁜 이상만은 작품이 끝나면 잠시 쉬면서 아쉬웠던 마음을 달래기도 했다. 예술이라는 건 하다가 굶어 죽는다고 해서 놓을 수 있는 게 아니었다. 적어도 이상만은 그러했다.

공연 후에 이어지는 이상만의 하소연에 잘 모르는 사람들은 섣불리 오해할 수도 있다. 하지만 늘 이상만을 지켜본 리(Lee)발레단 단원들은 예술에 대한 하소연일 뿐이지, 자신의 삶에 대한 욕심으로 인해 늘어놓는 하소연임이 아님을 알고 있다. 늘 소탈하게 살아온 이상만은 그저 술 마시는 게 좋고, 노래 부르는 게 즐거운 사람일 뿐이었다.

김명순은 이상만이 그 잘 부르는 노래를 사람들 앞에서는 잘 부르지 않았다고 했다. 한 번 우연히 이상만의 노래를 들은 적이 있었는데 목청이 어찌나 좋은지 기가 막힐 정도였다고 했다. 이상만은 실제로 성악을 공부

〈김삿갓〉(2011)

1~2. 〈김삿갓〉(2011)
3. 리발레단 리허설, 박경하·김영화·최송이

1. 〈김삿갓〉(2011) 이상만 · 임지영 · 이경희
2. 〈김삿갓〉(2011) 이상만
3. 〈김삿갓〉(2011)

하기도 했고 전공하려고도 했었으니 듣지 않아도 어느 정도인지는 대충 짐작이 간다. 그런 그가 사람들 앞에서 노래를 부르지 않는 이유는 간단했다. 노래보다도 춤을 더 사랑하기 때문이었다. 그래서 그는 웬만해서는 밖에서는 노래를 부르지 않았다. 이상만의 오랜 친구인 김명순마저도 딱 한 번 들어 봤을 정도이니 말이다. 김명순은 그 당시를 떠올리며 심장이 멈출 뻔했었다고 덧붙였다.[103)]

이상만의 2011년 〈김삿갓〉은 서민 속에서 함께 웃고 울며 살아온 거룩한 고행자를 그려 냈다. 제1장은 '백일장'의 시제로 정가산의 충성스러운 죽음을 노하고 김익순의 죄가 하늘에 이를 정도였다는 것을 통탄해하며 김삿갓이 김익순을 거침없이 탄핵하는 것으로 시작된다. 제2장 '탄식'은 김삿갓을 떠나보내는 어머니와 처의 슬픔을 다뤘고, 제3장 '금강산'은 방랑의 길을 향해 떠나는 새로운 삶을 표현했다. 제4장은 '유혹'으로 '꽃을 피하기 어렵네'라는 그의 시구로 김삿갓이 영월땅을 지나 하룻밤 묵기 위해 기생 죽매(정미라扮)의 집을 찾는 모습이다. 제5장은 '방랑의 길'에서 논밭을 매는 농부들과의 술 한 잔을 담아냈으며, 제6장 '기방'은 김삿갓과 기생이 아래와 같이 주고받는 재치와 해학이 넘치는 장으로 펼쳐진다.

김삿갓 : 평양 기생은 무엇에 능한가.
기생 : 노래와 춤 다 능한 데다 시까지도 능하다오.
김삿갓 : 능하고 능하다지만 별로 능한 것 없네.
기생 : 달 밝은 한밤중에 지아비 부르는 소리에 더 능하다오.

---

103) 김명순 인터뷰, 2018. 7. 31.

제7장 '녹음방초'는 밀양을 지나며 아이에게 고향 가는 길을 묻고, 제8장 '처와의 만남'은 다시 방랑길로 길 떠나는 김삿갓을 그렸다. 제9장 '군밤타령'은 경기도를 지나며 눈 속의 차가운 매화 설중한매(雪中寒梅)를, 제10장 '김삿갓'은 진도를 지나며 술 한 잔에 시 한 수를 짓는 내용이 등장한다.

천 리 길을 지팡이 하나에 맡겼으니
남은 엽전 일곱 푼도 오히려 많아라. (…)

제11장 '뱃길'은 배를 띄우고 취해서 시를 읊으며, 제12장 '파노라마'는 뱃길의 영혼으로 마감한다.

그는 김삿갓의 시(詩) 456편 중에서 몇 가지를 추려내고 총 12장으로 그려 냈으며 김삿갓이 뱃길로 한양 왕래를 위해 경상도, 강원도 등 그가 걸어온 팔도유람의 발자취를 전했다. 또한 각 지역의 아름다운 배경과 우리의 민속음악 '아리랑'과 '한오백년' 등 경기민요로서 한국의 멋을 살렸다.

〈김삿갓〉(2011)을 제작할 당시에도 이상만이 직접 무대에 올릴 배경 막을 만들었는데, 24평짜리 집 거실이 모자랄 정도였다고 한다. 소품으로 쓰인 붓도 빗자루를 개조해 만들었다. 무대 소품뿐만 아니라 무대 연출 시에도 그의 탁월한 감각과 아이디어가 빛을 발했다. 〈김삿갓〉에서 이상만이 파도에 휩쓸려 허우적거리는 장면이 있는데, 이 장면을 연출하기 위해서는 시폰 천[104]을 흔들 만한 강풍기가 필요했다. 하지만 자금이 없었고

104) 시폰(Chiffon)은 얇게 비치는 가벼운 직물로, 보통 견이나 인조섬유를 사용하여 평직으로 짠 부드러운 천으로

고민하다가 시폰 천의 양쪽 끝을 단원들이 붙잡고 물결이 치듯 흔들기로 했다. 무대 끝부터 끝까지 이어지는 길고 큰 천이라 온 단원이 매달려서 흔들어야만 했다. 모두가 함께 고생해서 근사한 연출을 할 수 있었다.

이상만은 쉬는 시간에도 늘 공연 생각에 빠져 있기 일쑤였다. 그래서인지 항상 아이스크림이나 도넛처럼 달달한 간식을 당겨 했다. 오직 공연이 있을 때면 마치 징크스처럼 박카스 한 박스를 늘 들고 다녔다. 카페인의 힘을 믿었고, 마시면 늘 힘이 난다고 했다.

이상만은 한양대에서 교수를 모집할 때 지원하면서 이것이 자신의 마지막 기회라고 생각했다. 임용 시험에 합격한다면 그는 또 다른 꿈을 펼칠 수 있는 발판을 얻게 되는 것이었다. 하지만 안타깝게도 떨어졌고 너무 속상한 마음에 술을 마시며 더러운 세상이라며 욕하고 소리치며 울었다. 그 때가 2002년 월드컵에서 한국이 이긴 날이었다. 거리는 온통 축제 분위기에 뜨거운 열기로 휩싸여 있었으나 이상만만은 그렇지 못했다. 서럽게 울던 그의 곁에는 리(Lee)발레단 단원들이 함께했다. 젊은 날들을 춤에 다 바치고 지금까지 한길만 걸어온 그에게는 감당하기 힘든 시련이었을 것이다. 무용은 돈이 없으면 힘들고 때를 잘 맞추지 않으면 더 힘들다.

하지만 이상만은 예술가의 광기가 서려 있는 사람이었다. 고난과 시련에도 시들지 않고 다시금 피어났다. 스스로 유학의 길을 택했고 스스로 한국행 비행기에 몸을 실었다. 가정을 꾸리고서도 민간 발레단을 만들어 창작에 몰두했다. 아내와 아이들을 미국에 보내고 나서도 굶어 가면서까지 한국적 발레 창작에 몰두하였고 멈추지 않았다. 이상만은 늘 "예술가

강도와 균형성이 큰 천이다.

〈무상〉(2013) 리발레단 무용실

는 돈 생각하면 안 된다."[105]고 말했다. 어떻게든 다 살게 되어 있다고도 했다. 늘 자신만의 긍정의 힘으로 각박한 세상을 여유롭게 살아가려고 노력했다. 참으로 순수한 영혼이라는 생각이 든다.

그는 긍정적이고 강한 사람이었지만 가끔 술을 많이도 들이키곤 했다. 못내 답답한 상황과 풀지 못한 스트레스 때문이었다. 나중에 암과 맞서 싸우면서도 좋아하는 술을 마시지 못해 답답해하곤 했다. 이상만은 술을 들이키면서 "내가 해감이 돼요."[106]라는 말을 하기도 했다. 너무나 많은 끼와 열정을 가진 사람이 무대를 마치고 내려온 다음 느끼는 공허함은 말로 다 하기 어려울 정도일 것이다. 헛헛한 속을 술로 달랬던 그 밤들이 애

105) 김명순 인터뷰, 2018. 9. 13.

106) 리(Lee)발레단 박경희 인터뷰, 2018. 7. 31.

1. 〈무상〉(2013) 정설웅
2. 〈무상〉(2013) 지다영

잔하게 느껴진다. 그러다가도 다시 무대에 올라 한바탕 난리를 치고 내려오면 살 것 같다고 말하던 그이다.

그는 발레를 사랑했지만 짬 날 때마다 스케치를 하거나 조각상을 만들고 도자기를 빚었다. 잠자는 시간을 줄여 가며 공예에 시간을 투자했다. 의상을 만들며 독한 염색약과 조각을 하며 날리는 가루에 몸이 안 좋아지기 일쑤였다. 쉬어야 할 시간에 쉬지 못하니 불규칙하게 잠들고 일어났다. 동상을 만들고 조각을 하느라 돈도 많이 썼다. 그래도 그저 좋았다. 이상만이 분신처럼 여긴 조각도 내다 팔면 큰돈이 되진 않았다. 재고만 집 안에 그득 남았다.[107] 그는 행여나 깨질까 싶어 옷장 속에 그것들을 보관했다.

그러는 동안 1년간 부지런히 치료해서 완치했던 암이 재발했다. 청천벽력 같은 일이었다. 형이 약값을 보태 주고 도와주었지만 그래도 쉽지는 않았을 것이다. 이 와중에도 이상만은 재봉틀을 돌려 무용복을 만들었다. 그는 내일 모레 죽는다고 해도 무대에 올라야만 하는 사람이었다.

이상만은 〈무상(無常)〉을 두 시간 공연작으로 쇼케이스에서 소개했다. 2013년 창작산실지원사업에 선정된 네 작품 중 하나로 선정되었다. 그는 뛸 듯이 기뻤지만 2시간짜리 작품을 규정상 1시간으로 줄이라는 말을 듣고 아쉬워했다. 이상만은 김순정에게 출연을 부탁했다가 작품 시간이 줄어들어 출연 부탁을 취소했다. 게다가 〈무상(無常)〉은 지원금을 1억이나 받기도 했다. 지금까지 이상만이 한국에서 공연하면서 이렇게 지원금을 많이 받아 본 것은 처음이었다. 그는 지원금 전부를 쏟아부어 공연을 완

---

107) 이상오 인터뷰, 2018. 3. 27.

1~3. 〈무상〉(2013) 정설웅·지다영

1~2. 〈무상〉(2013)

성하고 싶었다.

〈무상(無常)〉은 지금까지 한 것과는 좀 달랐다. 동서양이 조금 더 밀접하게 조화되었다고 볼 수 있을 것이다. 필자는 이런 느낌을 준 장본인이 바로 음악이 아닐는지 생각한다. 〈메밀꽃 필 무렵〉, 〈황토길〉, 〈밀양아리랑〉, 〈아리랑〉, 〈무녀도〉, 〈춘향〉 등 한국적 발레를 창작할 때마다 그는 한국 음악을 많이 사용했다. 이상만이 고른 음악은 광고에도 사용될 정도로 좋은 편이었다. 음악을 고르는 안목이 훌륭했다. 〈바람의 화원〉의 줄타기 장면과, 파드되에서 나온 노래도 좋았고 〈집시의 노래〉에서 아름다운 음악 〈지고이네르바이젠〉도 많은 사람들이 좋았다고 기억한다.[108] 이상만은 원래 음악을 전공했기 때문에 공연 전반에 자신이 가진 재능과 감각을 발휘해 호평을 이끌어 냈다.

이상만은 연습용 음악을 카세트테이프에 1~2시간짜리로 편집하고, 이 음악을 들으면서 어느 부분을 어떻게 쓸지 선정에 신중을 기했다. 그리고 마지막에 신(scene)을 확정지으면 공연을 며칠 앞두고 나서야 최종적으로 음악 편집을 완성했다. 그는 한국적 발레에서 지역의 민요 등 전통적인 요소가 섞인 음악을 주로 사용했으나, 〈무상(無常)〉이 무대에 오르던 2013년부터 저작권으로 인해 자유롭게 민요를 사용하지 못하게 되었다. 그때 할 수 없이 클래식 음악을 사용했다. 〈무상(無常)〉의 지원금이 있기는 했지만 워낙 대작이라 그 외에도 돈 나갈 곳이 많았다. 게다가 작품에 대한 책임감이 컸기 때문에 돈을 함부로 쓰지 않고 자제했다. 그만큼 이 작품에 대한 애착이 컸다. 그는 무균실에서 치료를 받으면서도 음악을 선정했다.

---

108) 리(Lee)발레단 김영화 인터뷰, 2018. 9. 15.

이상만은 삼익아파트에 살면서 채송화를 키웠다. 연습실에 오면 단원들에게 매일같이 채송화 이야기를 했다. 꽃이 너무 예쁘게 폈다고, 꽃 색깔이 너무 예쁘다고, 그새 키가 컸다고 단원들에게 자랑하듯 사진을 보여주며 채송화 얘기를 늘어놓기도 했다.

공연이 임박해질수록 이상만의 몸 상태는 더욱 나빠졌다. 입 주변에 딱지가 생기고 코가 꽉 막혀 왔고 대상포진까지 겹쳐 몸이 말이 아니었다. 온몸에는 딱지가 생겼고 멍이 들었다. 대상포진은 발부터 시작해서 가려움을 유발했고 결국 피딱지가 굳어 발은 마치 썩어 들어가는 것처럼 보였다. 게다가 발이 퉁퉁 부어올라 신발이 안 들어갈 정도가 되어 그는 운동화 뒤꿈치를 찢어서 발을 밀어 넣어 신기도 했다.

이상만은 강한 약을 쓰면 암세포도 맥을 못 추겠지만 본인 역시 춤을 추지 못할 거라는 것을 알고 발레를 해야 한다면서 약을 잘 쓰지도 않았다. 그의 이러한 모습에 리(Lee)발레단 단원들과 출연진들은 놀라움을 감출 수 없었다. 이렇게까지 몸이 좋지 않으면 병원에 가야 하는 거 아니냐며 이상만에게 물었고, 그는 벌써 갔다 왔다며 이리저리 둘러대기 바빴다. 연습 막바지에 이상만은 서 있기도 힘들 정도였으나 병원에 가지 않고 버텼다.

〈무상(無常)〉 공연 연습 내내 몸이 안 좋았던 이상만을 지켜보던 박경희는 어느 날 꿈을 꿨다. 이상만이 유명을 달리하여 그의 빈소에서 임지영과 손을 맞잡는 꿈이었다. 박경희는 이상만에게 선생님이 돌아가시는 꿈을 꿨다고 말하며 그의 입원을 부추겼다. 평소에 병원가라는 얘기에는 꿈쩍 않던 그가 울며 말하는 박경희의 모습에 마음을 바꾸고 입원했다.

그해 가을, 이상만의 병실에 고추잠자리가 들었는데 그게 너무 예쁘다고

1~2. 〈무상〉(2013), 이상만

1. 〈무상〉(2013) 이상만 · 이다슬
2. 〈무상〉(2013)
3. 〈무상〉(2013) 조진혁 · 이창배 · 김진석 · 조한얼 · 박병일

〈무상〉(2013) 커튼콜, 이상만

이상만은 말했다.[109] 그가 10월 병실 창가에 날아든 잠자리를 보고 쓴 글이다.

> *코발트 빛 눈부신 파란 가을 하늘엔 목화송이 뭉게구름이 창틀에 수를 놓아 나를 부른다. 어디선가 날아든 창밖에 유리창엔 고추잠자리 한 마리가 나를 유혹한다. 눈깔사탕만큼이나 커다란 에메랄드빛의 화려한 눈동자를 좌우로 돌리며 닫힌 나의 침실을 비앙댄다.*
> *빨갛게 넘쳐흐르는 가을은 이런 것이랍니다. 혼자 날기에 너무도 쓸쓸해 나의 몸은 빨갛게 타고 있어요.*
> *하지만 잠자리야, 난 너처럼 마음은 가을을 타들어 가지만 몸은 겨*

109) 리(Lee)발레단 박경희 인터뷰, 2018. 10. 4.

울이 나를 기다리고 있어. 겨울을 모르는 정열의 가을인 너에게 겨울이 있다면 저 하늘에 피어나는 목화송이보다도 더 포근한 눈 꽃송이로 너를 따뜻이 덮어 줄 텐데….

그 겨울엔 세상을 변해 보고 싶은 열정의 고뇌와 너처럼 빨갛게 타다 못 해 열기 속에서 품어내는 사치스러운 고독이 떨고 있겠지. 창틀에 끼어 있는 흘러가는 뭉게구름 사이로 은빛의 비행기는 섹시함을 자랑하며 자유를 외치며 멀어져 간다.

자, 어서 너도 주저치 말고 나에 눈 맞춤을 돌려 함께 떠나려무나. 그곳엔 또 다른 자유와 눈부신 선택이 널 기다릴 거야. 아마도 난 겨울에 '무상'이 날 기다리고 있기에 캔버스에 물감을 뿌린 듯 나의 창가엔 한 폭 수채화처럼 그중 처음 나를 방문한 너의 빛나는 에메랄드빛 눈망울은 오래도록 기억할 거야.

아마 그 역시 이번 작품이 마지막이 될 것이라는 것을 예감했을 것이다. 〈무상(無常)〉에 참여한 모든 단원들은 이상만이 이번 작품을 죽을 각오로 했다는 것을 알았고, 그가 머지않아 유명을 달리할 것이라는 것도 알았다. 마치 '이 작품을 마치고 생도 마감할 거야.'라고 말하는 것 같았다고 한다. 리(Lee)발레단 단원 외에 객원 무용수인 성신여대 무용학과 학생들도 그 순간을 함께 느꼈다. 성신여대 김순정 교수는 학생들이 〈무상(無常)〉을 공연하면서 이상만의 순수한 열정을 느꼈고, 많은 감동을 받아 울먹이기도 했다고 전하고 있다.[110]

---

110) 김순정, 「끝없는 모색과 실천」

이상만은 그 전부터 기침을 달고 살았으나 증세가 더 심해졌다. 리(Lee)발레단 단원들은 순번을 정해서 3명씩 짝을 지어 이상만의 집을 찾아가 식사를 챙겼다. 한 끼라도 더 챙겨 드리고 싶은 마음과는 달리 그는 쉬이 밥을 넘기지 못했다. 밥 먹는 게 힘들어 누룽지를 끓여 먹기도 했다. 입안이 다 헐어서 단원들이 싸 간 생과일주스도 삼키지 못했다. 속이 타들어 가는 고통에 이상만은 괜히 사이다가 먹고 싶다고 말하기도 했다. 어느 날은 아무것도 먹기 어려워해서 가장 먹고 싶은 음식이 뭐냐고 물어 콩나물국을 사러 간 적이 있었다. 그날따라 포장이 안 된다고 하는 걸 사정사정해서 겨우 포장해 왔지만 조금밖에 먹지 못했다. 공연 바로 전날에는 거의 아무것도 먹을 수가 없었다.

모두가 애타게 기다려 온 〈무상(無常)〉은 2013년 12월 26일과 27일 양일간 아르코예술대극장(Arko Arts Theater-main hall)[111]에 올랐다. 첫날 공연이 끝나고 나서 이상만은 몸이 너무 좋지 않아 응급실로 갈 수밖에 없었다. 의사는 죽어도 병원에서 못 내보낸다고 으름장을 놓았다. 열이 너무 높이 올라 열 내리기에도 바빴다. 그는 그 와중에도 옷을 가져오라고, 얼른 마무리를 해야 한다는 말만 되풀이했다. 정신이 들었다가 다시 정신을 놓고 잠들기를 반복했다. 몇 시간 동안 리(Lee)발레단 단원들은 서로 돌아가면서 알코올로 이상만의 몸을 구석구석 닦아 열을 내리기에 바빴다. 그

111) 마로니에 공원 앞의 아르코예술극장은 1977년부터 준비해 1981년 개관한 문예회관으로 무용인들에게는 친근하다. 한국의 무용 역사 속에서 30년을 지내 온 전통이 돋보이는 벽돌집의 시작은 동숭동을 개발하면서 인문과 예술을 논하던 서울대학교 문리대 정신을 유지하고자 거리 조성의 한 방향 설정에서 이루어졌다. 규모는 아르코예술 대극장 608석, 소극장 132석이며 공연예술센터(Han PAC)가 공식 출범하면서 아르코예술극장과 대학로 예술극장이 재단법인 한국공연예술센터라는 하나의 조직으로 통합되었다(「고희경의 컬처 프리즘」 2010. 8. 4. 참조).

리고 27일 새벽, 다음 공연을 위해 단원들은 병원을 나섰다.

리(Lee)발레단 단원들은 공연장에 당연히 이상만이 올 수 없을 거라고 생각했다. 하지만 내심 그가 마치 아무 일도 없었다는 듯이 벌떡 일어서길 바랐다. 리(Lee)발레단이 이상만 없이 리허설을 하는 것은 정말 처음 있는 일이었다. 마지막 리허설이 끝나고 커튼콜을 해야 하는데 여전히 그에게서 소식이 없었다. 이상만은 늘 무대마다 색다른 커튼콜을 준비해서 했던 사람이었다. 단원 모두가 한마음으로 그가 오기를 기다렸다. 무대스텝에게 조금 더 기다려 달라고 요청하기도 했으나 공연이 임박해서도 소식이 없어 단원들은 그들끼리 준비해 커튼콜을 하기로 했다.[112]

이상만은 주로 공연의 대열을 만들어 'V'자를 만들거나 'O'자의 형태로 조금 특이하게 커튼콜을 하곤 했었다. 단원들은 다들 손을 붙잡고 'V'자로 인사하기로 결정하고, 이상만이 오든 오지 않든 어떻게든 이 공연을 끝내야 한다며 다들 손을 부여잡았다. 다들 눈물이 터져 나오기 직전이었고, 무대에 올라서는 정말로 울면서 공연을 할 수밖에 없었다. 어느 정도 공연이 시작되어 이상만이 등장하는 장면에 임박했을 때, 모두가 이상만 없이 해야 하나 보다 하는 생각이 들었다고 한다.

그 시각 이상만은 의사의 경고에도 불구하고 형과 구급차를 타고 공연장으로 돌아왔다. 당시 필자는 공연장 로비 밖에서 그를 기다리고 있었다. 5시부터 온다는 소식을 듣고 기다렸는데 5시, 6시, 7시, 공연 시작종이 울리고도 그는 오지 않았다. 그리고 8시쯤 되었을 때 멀리서 그의 모습이 보였다. 이상만은 두 명의 장정의 어깨에 두 팔을 두른 상태로 거의 질

112) 리(Lee)발레단 임지영 인터뷰, 2018. 7. 31.

질 끌려 이쪽으로 오고 있었다. 설 힘조차 없는 그가 두 다리를 끌며 대극장 로비를 지나 분장실로 들어갔다. 지금 생각해도 놀라운 광경이었다.

필자는 분장실 밖에서 그의 승무 의상을 들고 기다렸다. 조금 열린 문틈 사이로 경찰복을 입고 앉아 있는 이상만의 모습이 보였다. 도저히 무대에 설 수 없는 상황인데, 정말 무대에서 죽겠다는 사람이 아니고서는 오르지 못할 거라고 생각했다. 이때 무대 쪽에서 누군가가 "단장님, 오셨어요."라고 말했고, 누구라고 할 것도 없이 그 소리를 듣자마자 온몸에 전기가 찌릿찌릿 통하는 듯했고, 살짝만 건드려도 눈에서 눈물이 터질 것만 같았다고 한다.

단원들은 하나둘 정신을 차리고 무대를 하기 위해 필사적으로 공연장을 찾은 이상만을 위해 무대를 준비했다. 모두 알고 있었다. 병원에서는 이상만을 보내 주지 않으려 했을 것이라는 것을. 이상만은 부축을 받아 무대 상수[113] 쪽으로 갔다. 이상만의 역 경찰의 등장을 알리는 호루라기 부는 소리가 났고 무대에서는 누군가 훌쩍이는 소리가 들렸다. 무대에 오를 준비를 마친 이상만의 손이 바들바들 떨렸다. 홍영기는 그런 이상만의 모습을 보면서 울며 무대로 나간 기억이 난다고 했다.[114]

〈무상(無常)〉 마지막 장면에는 흰 국화꽃이 등장하는데, 이상만이 마치 자기 자신의 죽음을 예견한 듯 군무진은 국화꽃을 귀에 꽂고 무대를 마무리 지었다. 사람들 모두가 이 장면에서 이상만의 죽음을 예견했다고 말했다. 이상만은 자신의 모든 에너지를 다 쏟아내고 다시 병원으로 향했다.

---

113) 객석에서 바라봤을 때 오른쪽은 '상수' 왼쪽은 '하수'로 무대 위의 무용수의 위치에서 보면 왼쪽이 상수, 오른쪽이 하수가 된다.

114) 리(Lee)발레단 홍영기 인터뷰, 2018. 7. 31.

성신여대 객원무용수[115]들은 이상만을 위해 감사의 인사를 전달하고 싶었다고 한다. 그들은 이상만의 손과 발을 찍어 남기는 석고 페인팅을 준비했지만 그런 것을 진행할 수 없을 정도로 상황은 다급했다. 병원에서 그를 정신을 차리게 하고 대답할 수 있는 말은 "단장님, 빨리 일어나서 공연해야죠!", "다음에 해외공연에 우리 가요!", "단장님 꿈이 외국에 저희 발레단 작품 선보이는 거잖아요. 한국을 많이 알리는 거잖아요. 어서 힘내고 일어나세요."라는 것뿐이었다. 이상만은 그저 "그래, 그러자."라는 말밖에 할 수 없었다. 매년마다 그는 쉬지 않고 공연했지만 항상 한국적 발레를 세계에 우뚝 세우고 싶어 했다. 그의 꿈이었고 그를 세울 수 있는 가장 든든한 말이었다.

12월 7일, 필자가 그를 인터뷰하러 갔을 때만 해도 그의 상태가 이렇게까지 나쁘진 않았다. 만약에 공연을 하지 않고 무균실에서 치료를 계속 받았더라면 그는 더 살 수 있었을지도 모른다. 하지만 그는 무대에서 마지막으로 힘차게 날아올랐다. 실제로 〈무상(無常)〉에서 그는 경찰과 스님 두 역할을 맡아서 했다. 항상 그가 입버릇처럼 말했던 것처럼 무대 위에서 생을 마감한 것이나 다름없었다. 실제로는 무대에서 내려오고 며칠이 지나 세상을 등졌지만, 춤밖에 몰랐던 춤꾼 이상만의 삶은 무대에서 끝이 났다.

예술가가 재력, 권력 없이 혼자의 힘으로 살아간다는 것은 현재 한국에서는 쉬운 일이 아니다. 그런 어려운 삶을 고집했던 이상만은 "난 죽어도 여한이 없어요."[116]라는 말을 남겼다. 그는 원 없이, 후회 없이 살다 갔다.

---

115) 박유리, 김나연, 이다슬, 한슬기, 성초롱, 김보현, 하소영, 고아란, 임예섭(광주시립발레단)

116) 「항암제 세게 쓸 수 없어… 난 발레를 해야 하니까」, 『조선일보』 2012. 12. 2.

충북 괴산 이상만 묘 (2014)

가족들에게도 리(Lee)발레단에도 고마운 마음을 남겼다. 하지만 그가 이렇게 빨리 떠나게 될 줄은 몰랐다.

그는 리(Lee)발레단 창단 초기부터 한국 창작 발레의 모색을 시도했다. 이상만은 한국 고유의 소재와 형식을 빌려 자신의 발레로 이상만화(化)하였다. 리(Lee)발레단은 한국적 발레를 본격적으로 활성화시킨 단체로 전통춤과 민속춤 등을 발레와 접목시켜 기교의 발전을 꾀했다. 더불어 무대효과와 음악의 폭넓은 활용은 한국 발레가 발전할 수 있는 발판을 만들었다. 그가 만들어 낸 창작 발레는 총 22편에 달하며, 한 편 한 편마다 한국적 소재와 민족의식이 담겨 있다.

이상만은 서구에서 몸소 배운 발레의 메서드(Method)를 한국에 들여와서 알렸고, 자신만의 세계를 구축하여 서구의 발레동작을 한국의 발레동작으로 바꾸어 나가려 노력했다. 그는 해외로 진출하여 한국 발레의 위상을 높이고자 했으며, 실제로 많은 발레리나와 발레리노들이 그가 만든 한국적 발레를 배워 활성화시켰다. 어려운 환경 속에서도 최대한 자신의 목표와 꿈에 다가서려 했다.

그의 예술 활동은 동서양의 예술적 이미지를 조화롭게 표현하였고, 그 속에 한국적 정서와 신명(神明), 흥(興), 한(恨) 등 우리 고유의 것들을 녹여냈다. 이상만의 발레에 서양과 동양이 조화를 이룰 수 있었던 것은 이상만의 의지 덕분이었다. 그는 가장 많은 한국적 발레를 탄생시킨 연출가이자, 대작으로 국내외로 서슴없이 도전장을 내민 발레리노이다.

그의 작품이 최고의 극치를 이루었다고는 단언하기는 어렵다. 하지만 한 개인 발레단을 운영하며 이와 같은 결과를 이루어 낸 것은 정말 놀라운 일이 아닐 수 없다. '영원한 불꽃, 무대 위에 잠들다.', '발레 언어로 체화한 토속적 정서, 이상만', '암도 꺾지 못한 노장(老將)의 예술 혼(魂)' 등 그를 지칭하는 수식어는 수도 없이 많다. 이상만은 자신의 모든 인생을 걸어 발레로서 예술의 새로운 영역을 구축했고, 조금 더 한 발 앞서 나가려고 부단히 애썼다. 자신의 혼을 쏟아부은 한국적 발레를 목숨과도 바꿀 수 없을 정도로 소중하게 여겼다.

이상만, 그의 행보는 다시 한 번 더 되뇌어도 놀랍기만 하다. 어떤 것이 그를 이토록 치열하게 살게 만든 것일까? 도대체 한국적 발레를 꽃피우기 위해 얼마만큼의 노력을 한 것일까? 이 물음에 대한 답은 이상만 이외에 그 누구도 쉽게 말할 수 없을 것이다. 이상만 안의 뜨거운 열정이 그를 여기까지 이끈 것은 부정할 수 없는 사실이다. 그는 무대 위의 불꽃으로 타올라 사라질 때까지 쉼 없이 자신의 의지를 펼쳤다. 저자와 같은 기록자들은 그와 나눈 대화, 녹음 자료, 리(Lee)발레단 단원들의 증언을 통해 그가 남긴 흔적을 다시 따라 걸으며 그저 후대에 이야기를 전할 뿐이다.

이로써 한국 발레사에는 이상만이라는 인물이 자리 잡게 되었고, 그의 삶은 한국 발레사의 한 전설로 남게 되었다.

> *"믿으며 걸어온 길, 행복했다. 눈감을 때 울지 않을 것 같아. 난 죽을 때 눈물 안 흘릴 것 같아요. 길이 있으리라 믿으며 걷다 보니, 그게 행복한 길이었네요."*[117]

그가 생전에 남긴 말이다. 누구보다 앞만 보고 달려온 그이기에 할 수 있는 말이었을 것이다. 안타깝게 하늘의 별이 된 그의 흔적을 좇으며 예술이란 무엇이고, 진정한 예술인이란 어떤 사람인지를 다시 한 번 되짚어 본다. '이상만처럼만 하라.' 그렇다면 누구라도 그 길의 끝에서 웃을 수 있을 것이라 믿는다.

---

117) 「항암제 세게 쓸 수 없어… 난 발레를 해야 하니까」, 『조선일보』 2012. 12. 2.

3장

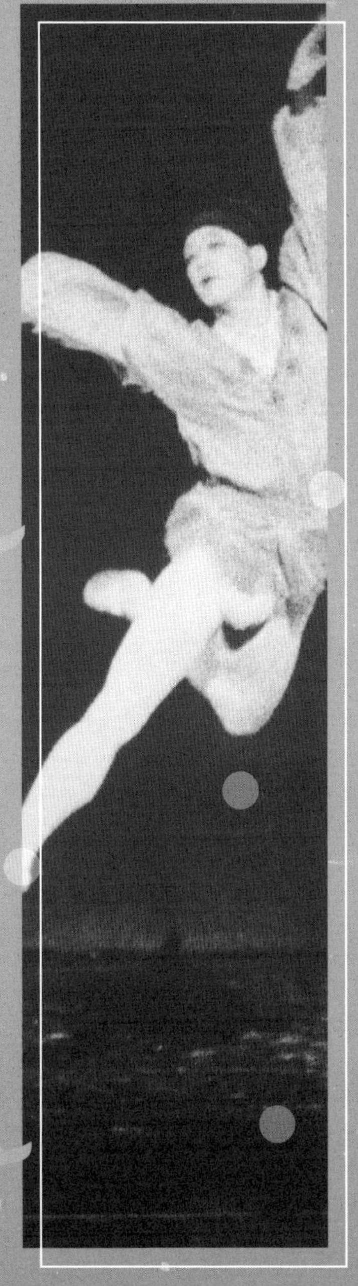

이상만을 회상하며

1. 끝없는 모색과 실천 / 김순정

이상만 선생이 항암치료를 받기 위해 무균실에 입원, 퇴원을 반복하고 있을 때 나는 〈댄싱 위드 카르마〉 공연 연습을 하고 있었다. 삶과 죽음 사이에는 경계가 없다는 메시지를 담은 작품이었다. 천 년을 잠들었다가 물세례를 받으며 깨어나는 역을 맡은 나는 그때 지독한 감기증상으로 목소리조차 제대로 나오지 않는 힘겨운 상황이었다. 공연 날 서강대 메리홀로 가던 길이었다. 차 안에서 이상만 선생님께 전화를 드렸는데 이상만 선생님의 목소리에는 여전히 청년의 설렘이 담겨 있었다.

"김 선생! 계속 춤추세요. 난 매일 연습할 때가 가장 행복해, 안 그래요? 병원에서 나가면 다시 춤을 출 거예요. 어서 춤추고 싶어요."

그러시는 게 아닌가. 그 음성을 들은 후 용기를 얻은 나는 기쁘고도 감사한 마음으로 2013년 10월 19일부터 20일까지의 3회 공연을 무사히 마칠 수 있었다. 무균실을 오가던 이상만 선생은 그 후 최후의 힘을 다해 안무하고 직접 무대에 선 〈무상〉(2013. 12. 26.~27.)이란 작품을 끝으로 열흘 뒤인 2014년 1월 8일 춤추듯 우리 곁을 떠났다. 빈소에 가서도 그의 죽음이 믿어지질 않았다. 지금이라도 그가 웃으며 곁으로 다가설 것 같았기 때문이다.

발레는 예법과 다르지 않음을 보여 주듯 늘 후배나 제자들에게도 존댓말을 하며 다정하게 대해 주시던 고인의 모습이 그리워진다. 그림은 그리움이라 했던가. 발레를 하지 않을 때면 그림을 그리거나 조각을 하거나

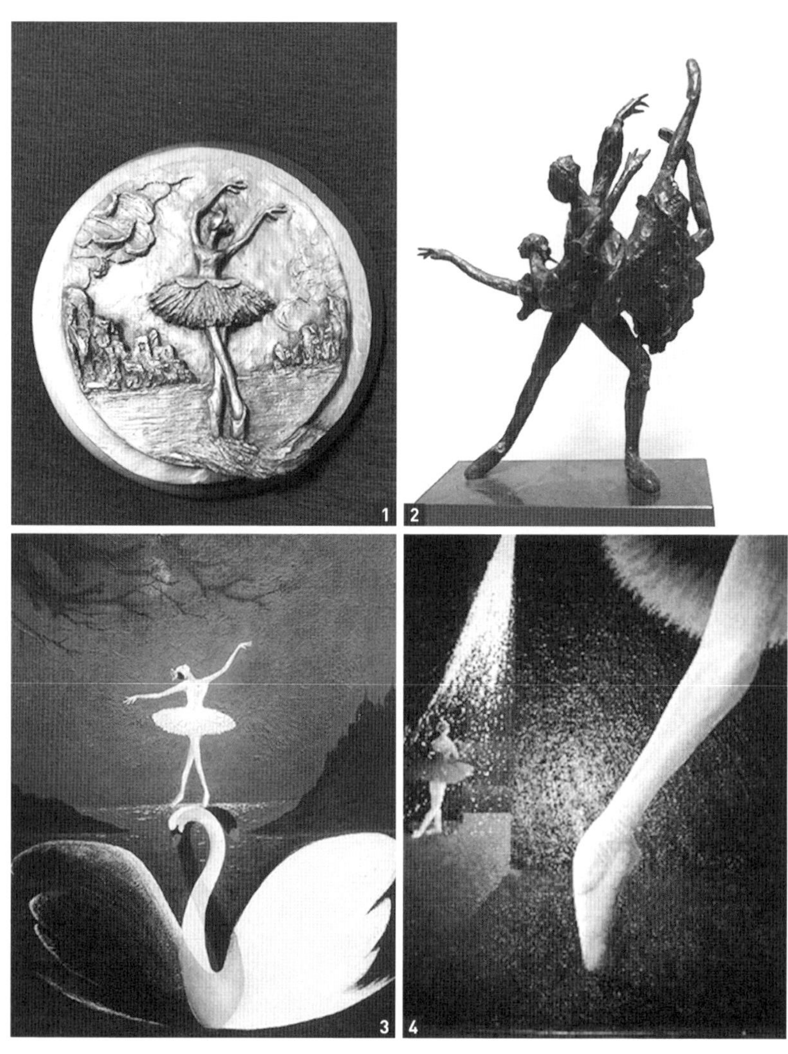

1. 〈백조의 호수〉
2. 〈코펠리아〉
3. 〈백조〉
4. 〈커튼콜〉

작품 의상을 만들곤 하셨다. 어려서부터 음악과 미술에 소질이 있었던 그는 발레를 접하면서 이 모든 것이 어우러진 길을 가게 되었다. 시간이 나면 조각을 하거나 그림을 그려 전시를 하고 팔기도 하여 약간의 수입을 올렸다.

나의 거실에도 그가 조각한 발레리나가 놓여 있다. 튀튀를 입은 발레리나 전신상인데 비율이 초현실적이라 처음에는 의아했다. 하지만 발레에 대한 사랑과 그리움을 이렇듯 자신의 방식으로 풀어내곤 했기에 또 새로운 힘을 얻으며 지내셨을 거 같다. 미국에 가족을 두고 홀로 한국에 살면서도 외롭다거나 힘들다는 내색은 전혀 하지 않으셨다. 발레와 이렇듯 사랑에 빠졌으니 그러한 삶이 가능했다는 생각도 든다.

항암치료를 하며 머리카락이 다 빠져서 모두들 걱정을 하며 종교라도 가져 볼 것을 권했지만 역시 그는 예술가였다. "나는 나를 믿는다."는 말씀을 하시며 산에 다니기 시작했고, 얼마 뒤에는 거짓말처럼 머리카락이 나기 시작했었다. 그때 만든 조각 작품들은 그래서인지 더욱 신비롭고 비현실적인 비율의 인체를 보여 주었다. 몸의 확장된 선만큼 그의 의식 또한 우주에 닿을 만큼 무한대로 뻗어 나가고 있었던 게 아닐까 생각해 본다. 그리고 또 얼마 뒤 병이 재발했다는 소식을 들었다.

이상만 선생의 마지막 작품인 〈무상(無常)〉(2013)에는 8명의 성신여대 발레 전공 학생들이 참여해서 무대에 올랐다. 그중에는 성신여대를 졸업하고 현재 광주시립발레단원으로 있는 임예섭도 있었다. 어느 날 학교에서 면담을 하는데 그 학생이 펑펑 눈물을 흘리며 연습실에서의 감동을 전해 주었는데, 그 이야기를 들으며 나까지도 울고 말았다. 입술에는 피멍이 들고 항암제를 맞아 가며 때론 중단해 가며 작품에 모든 것을 걸고 생의 마

성신여대(2011), 이상만·김순정

지막 무대를 만드는 한 고독한 예술가의 처절한 모습은 어린 학생들에게 몹시 충격이었던 듯하다. 다소 위축되고 소극적이었던 학생들의 내면에 이상만 선생은 불꽃과도 같은 예술에의 열정을 소리 없이 던져 주었던 것이다. 그러면서 학생들은 변화하기 시작했다.

그러고 보니 성신여대 학생들과의 인연은 이미 2011년부터 있었다. 나는 이전에 청주대 교수로 3년, 동덕여대 교수로 4년 반을 재직한 뒤 교수직을 내려놓고 나이 마흔인 1999년 여름에 러시아 모스크바로 유학을 갔다. 그 이유는 예술가, 교육자로서의 나의 한계를 절감하고 있던 터라 늦었지만 체계적인 러시아의 발레교수법과 문화를 직접 체득하고 싶었기 때문이었다.

그로부터 4년 후인 2002년 가을 한국으로 돌아와서 계속 무대에 서며 안무와 교육을 병행했고 교수를 그만둔 지 꼭 10년 만인 2009년 9월에 성신여대 교수로 임용되었다. 그 당시에는 성신여대에 무용과가 생기기 전이

1~3. 〈코펠리아〉(2011)

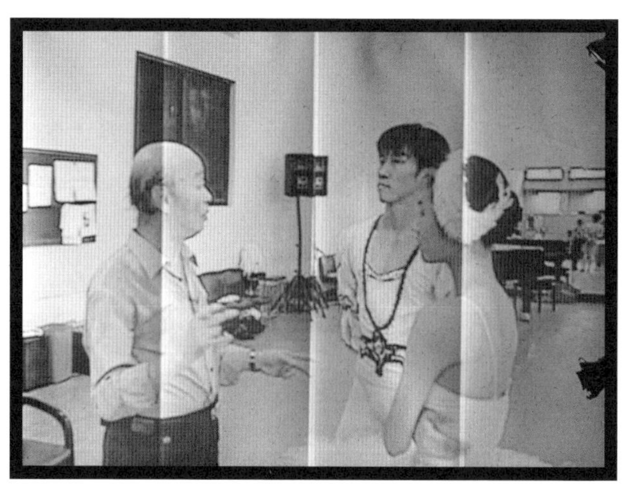

국립발레단, 임성남·김용걸·김지영

라 먼저 교양으로 '발레와 체형교정', '무대매너의 기술' 강좌를 열어 가르치기 시작했고 무용 전공으로는 2010년부터 학생을 모집했으며 2011년에야 무용예술학과가 신설되어 발레 전공생들을 선발하게 되었다.

그러던 중 2011년 여름 서강대 메리홀로 이상만 선생의 개인 공연을 보러 갔는데 그곳에서 선생의 안무작 〈코펠리아(Coppelia)〉에 마음을 빼앗겼다. 전막발레가 아닌 네오클래식풍의 창작 발레로 밝고 간결하면서도 위트가 있는 그 작품을 보면서 우리 학생들과 이상만 선생님을 만나게 해 주어야겠다는 생각이 들었다. 이미 발레단 대선배들도 이상만 선생의 안무력을 높이 평가하고 있었는데 그 공연을 통해 나 역시 그의 안무력을 인정하게 되었던 것이다. 음악과 어우러지는 섬세한 움직임에 대한 미세한 감각이 나를 일깨우는 듯했다.

공연을 본 날 밤 바로 이상만 선생님께 전화를 드려서 안무를 부탁드렸고 이상만 선생님은 너무도 흔쾌히 수락을 해 주었다. 당시 1, 2학년 학생

1. 〈지젤〉(1975), 이상만·김학자
2. 〈카르멘〉(1976), 이상만·진수인
3. 〈코펠리아〉(1976) 이상만

들밖에 없어서 전원을 다 참여시켰고 목표는 11월에 있을 '한국발레연구학회 창작발레페스티벌' 참가였다. 제목은 〈첫날〉이라고 지었다. 성신여대 학생들이 학교를 벗어나 외부에 처음 선을 보이는 자리였기 때문에 이상만 선생과 상의해서 붙인 제목이었다. 연습이 끝나면 나는 자주 선생님과 늦은 저녁밥을 먹으며 대화의 꽃을 피웠고 그때의 추억은 지금도 늘 새롭다.

2011년 가을, 안무를 하러 성신여대 운정 캠퍼스로 오시던 활기 넘쳤던 선생님의 모습이 지금도 눈에 선하다. 학생들은 할아버지 선생님이라며 잘 따르고 좋아했었다. 경기도 수지에 있는 집에서 학교가 있는 미아동까지 지하철로 오가는 그 먼 길을 지친 기색도 없이 열의를 갖고 작품을 만드셨고, 학생들과의 소통 또한 물 흐르듯이 자연스러웠다. 격의 없는 대화와 소탈하고 꾸밈없는 선생님의 모습에 다들 놀라워하면서도 행복했다.

또한 이상만 선생이 오랜 기간 보냈던 미국에서의 활동과 생활에 대해 소상히 들을 수 있었던 귀한 시간이었다. 외국에서 활동하는 무용수들은 많아도 안무를 하고 예술감독을 한 이들은 지금도 손에 꼽을 만하다. 그런 의미에서 이상만 선생님의 활동 경력이 생전에 제대로 평가되고 인정을 받지 못한 점이 무척 아쉽다.

코펠리아 음악으로 만든 〈첫날〉 공연은 양재에 위치한 서울교육문화회관 대극장에서 이루어졌다. 이때 입은 무용수들의 군무의상은 진수인 선생님께서 학생들에게 입히라고 소포로 보내 주셨다. 이 자리를 빌려서 진수인 선생님께도 감사의 말씀을 전하고 싶다. 진수인 선생님은 이상만의 파트너로 국립발레단 〈지젤(Gisselle)〉(1975), 〈카르멘(Carmen)〉(1976)에서 함께 호흡을 맞춘 동료이며 지금도 직접 발레 시범을 보이며 제자들을 양

〈백조의 호수〉(1977), 김명순·이상일

성하고 계신 분이다. 군무 외에 솔리스트의 의상은 이상만 선생이 직접 옷감을 사다가 만들어 주셨고 공연 당일에는 아예 실, 바늘, 가위를 가지고 오셔서 그 자리에서 직접 수선도 해 주셨다. 선생님의 선과 색에 대한 탁월한 감각은 그 누구도 따를 수가 없었다.

가까이에서 본 이상만 선생님은 오래전부터 알고 있었던 발레리노 이상만일 뿐만 아니라 끝없이 모색하고 실천하는 자유롭고 따뜻한 휴머니스트였다. 한 예로 기량이 부족해 제외된 학생들이 마음에 걸린다고 며칠을 고민하시더니 그들을 위한 부분을 새로 안무해 넣어 주셨다. 부족한 학생들 모두 최선을 다했고, 이러한 경험으로 이상만 선생님이 지닌 인간미와 뛰어난 교육적 마인드를 새삼 확인할 수 있는 기회가 되었다.

오래전 이상만 선생을 우연히 만난 곳은 1983년 봄 문예회관(현재의 아르코) 소극장 로비였다. 당시 나는 국립발레단의 신입단원이었고 발레단 연습이 끝나면 늘 다른 장르의 공연을 보러 다니거나 마로니에 공원 앞 문예

국립극장에서

진흥원 예술자료관(현 미술관)에서 최신 비디오나 책을 보며 외국의 예술계 흐름을 알아보고자 나름 노력하던 때였다. 그 당시까지도 나는 외국 경험이 전무했고 1987년 〈노틀담의 꼽추(The Hunchback Of Notre Dame)〉 공연을 마친 후에서야 2년간의 영국 유학을 떠났었다. 미국에서 활동하며 잠시 한국에 다니러 온 이상만 선생은 그 만남에서 "아! 바로 그 김순정이구나. 반가워요. 얘기 많이 들었어요." 하시며 특유의 친화력과 함께 격의 없이 내게 다가와 주셨다.

하지만 이상만 선생과의 첫 만남은 그가 국립발레단원일 때로 거슬러 올라간다. 내가 예원학교와 서울예고(1973~1978)에 다닐 당시 임성남 선생님은 국립발레단의 단장이자 예원학교, 서울예고의 무용과장으로 재직하셨다. 따라서 국립발레단과 예원, 서울예고는 한 울타리 식구처럼 지낼 수 있었다. 예원학교와 서울예고가 정동의 한 건물을 같이 사용하였고, 학교 안에는 임성남 발레연구소가 있었기에 일주일에 세 번 방과 후 국립발레단원들과 함께 연습을 할 수 있었던 나는 행운아였던 셈이다. 이동우, 김명순, 안승희, 송분연 등 대선배들과 같은 연습실에서 발레를 배웠다.

예원, 예고 발표회 연습을 장충동 국립발레단 연습실에 가서 한 적도 몇 번 있었다. 예원 교사이자 국립발레단 지도위원이고 무용수였던 김학자 선생님은 바쁠 때면 우리를 발레단 연습실로 오라고 해서 작품 연습을 시키곤 했다. 무소르그스키의 〈전람회의 그림〉을 김학자 안무로 공연한 기억이 난다. 여러 개의 액자를 무대에 올리고 액자 속의 인물들이 나와서 춤을 추는 재미있는 작품이었다. 나는 중학생이었는데 고등학교 언니와 보석 2인무를 추게 되었다.

그 당시 국립발레단은 〈지귀의 꿈〉(1974), 〈지젤〉(1975), 〈코펠리아〉(1976), 〈카르멘〉(1976)을 연습하고 있었다. 진수인 선생님께서 특히 나에게 관심을 가져 주었기에 진수인 선생님의 파트너인 이상만을 자연스럽게 만날 수 있었다. 이상만 선생이 1948년생이니 20대 후반의 발레리노였을 때 그를 본 셈이다.

지젤의 알브레히트 역이 생각난다. 임성남 선생님은 특이하게도 남자 단원들이 머리를 짧게 자르는 것을 몹시도 싫어했다. 예술가답지 않다고 생각하신 듯하다. 그래서인지 이상만의 헤어스타일은 지금 생각해 보면 숱이 많고 부드럽게 찰랑이는, 그 당시로서는 앞서가는 스타일이었던 것으로 기억된다. 머릿결도 함께 춤을 추는구나, 그때 느낄 수 있었다. 알브레히트가 지젤을 바라보던 그 슬픈 눈빛과 찰랑이던 헤어스타일의 조화! 또 하나 인상적이었던 것은 검은 타이츠의 돈 호세가 사랑하는 카르멘을 잊지 못해 번민하며 괴로워하는 장면이었다. 이 두 이미지가 어린 시절 내가 본 이상만이었다.

1985년 6월 이상만 귀국 공연을 보기 전까지 나는 오랜 기간 이상만을 잊고 있었다. 그 당시에 나는 국립발레단의 주역으로 활동하고 있을 때였다. 임성남 단장님께서 리허설을 같이 보자고 하셔서 별생각 없이 대극장으로 따라 내려갔는데 그곳에서 오랜만에 무대에 선 이상만을 보게 되었다. 〈파키타(Paquita)〉, 〈집시의 노래(Song of Gypsy)〉, 〈그리그피스(Grieg Piece)〉로 구성되었는데 그중 〈집시의 노래〉가 인상적이었다. 임성남 단장님은 별말씀을 하지 않으셨던 거로 기억이 난다. 별로 마음에 들지 않으셨나 하는 의문이 들었지만 나 역시 그러고는 또 그를 잊었다.

지금 생각하면 왜 임성남 단장은 그를 안무가나 발레마스터로 부르지 않았을까 생각하게 된다. 그랬다면 우리의 국립발레단은 훨씬 발전할 수 있었을 것이다. 임성남은 창작 발레를 만들어야 한다는 신념을 가졌던 분으로 많은 작품을 만든 것이 사실이지만, 인재 영입에 소극적이었던 것도 사실이다. 일본에서 공부를 했기에 일본을 통한 인적 교류 정도가 이루어질 수밖에 없었던 것은 한계였다. 만일 김절자, 이상만 등 유럽과 미국에서 활동한 이들을 적극 영입하였다면 한국 발레의 다양함이나 그 수준이 한결 높아졌을 것이다.

어찌 되었건 이상만은 1995년 한국에 정착한 뒤로 1997년부터 2013년까지 한 해도 거르지 않고 작품을 올렸다. 개인발레단인 리(Lee)발레단

〈밀양아리랑〉(1999), 이상만·이정숙

이 〈메밀꽃 필 무렵〉, 〈오델로〉, 〈금시조〉, 〈밀양아리랑〉, 〈무녀도〉, 〈아리랑〉, 〈춘향 어디로 갈거나〉, 〈춘향〉, 〈황토길〉, 〈바람의 화원〉, 〈김삿갓〉, 〈화원〉, 〈무상(無常)〉과 같은 대작을 만들어 왔다는 것은 실로 믿기 어려운 일이 아닐 수 없다.

국립발레단은 정책적으로 창작 발레를 1년에 한 편씩 만들어야 했다. 〈지귀의 꿈〉, 〈배비장〉, 〈춘향의 사랑〉, 〈고려애가〉, 〈왕자호동〉이 그래서 만들어졌는데, 만일 이상만과 같은 분이 국립발레단의 발레마스터로 일을 할 수 있었다면 국립발레단은 훨씬 풍부한 레퍼토리를 보유할 수 있었을 것이다. 그러나 현실은 그렇지 못했다. 개인의 타고난 재질과 노력만으로 이룰 수 있는 것에는 한계가 있을 수밖에 없다.

국내의 교육 현실 속에서 안무를 하거나 발레마스터로 성장할 수 있는 기회를 갖기란 지금도 무척 어렵다. 심지어 안무는 타고난 사람만 한다는 잘못된 사고방식도 팽배해 있다. 자유롭게 비판하고 성찰하는 교육이 아니라 당장의 성과를 위해 두려움을 주입하는 현재의 예술교육의 병폐 속에서 과연 진정한 예술가들이 양성될 수 있을지 의문이 든다. 끊임없는 시도와 실패 속에서만이 느리지만 탄탄한 진전이 있는 것이 아닐까. 작지만 한 계단 한 계단 스스로 창조의 기쁨을 발견하면서 성장해 갈 때 오래도록 지속 가능한 예술이 될 것이다. 그런 면에서 외부의 지원이나 관심을 크게 받지는 못했지만 이상만 개인은 스스로 만족하는 행복한 창작자였을 수 있다.

2013년 〈무상〉을 기획하던 선생님은 내게 출연 제의를 하셨다. "김 선생. 이 음악 좀 들어 봐요. 이 음악에 김 선생이 춤추는 걸 구상했어. 아주 멋있는 장면이 될 거예요." 그런데 얼마 뒤에 창작산실 주최 측에서 공연 시간을 한 시간으로 줄이라고 하는 바람에 김 선생 나오는 부분이 없어지게 되었다며 미안해하셨다. 2시간 작품을 한 시간으로 줄이라고 했다는 거였다. 지원을 해 주는 곳에서 일률적으로 모든 작품을 한 시간용으로 맞추라고 하니 따를 수밖에 없는 노릇이었다.

결국 나는 빠지고 대신 자발적으로 공연에 참여하고 싶은 학생들을 출연하게 해 주었다. 처음에는 "옛날 스타일 같아요." 하던 학생들이 언제부턴가 진지하게 연습에 임하고 있었다. 무균실에서 링거를 맞고 나와 연습실에서 안무하고 연습시키는 이상만 선생님의 모습을 보면서 모두들 닫혀 있었던 마음의 눈들을 뜨게 된 것이리라. 도저히 믿을 수 없는 힘으로 생의 마지막 공연을 마치고 선생님은 구급차를 타고 병원으로 실려 간 뒤 회복을 못하고는 우리 곁을 떠나가셨다.

"인생 뭐 있어요? 오늘 하루 신나게 열심히 뛰면 되지!" 무균실에서 링거를 맞던 이상만 선생님이 나와 주고받던 대화 중 하신 멋진 말이다. "이렇게 누워 있으려니까 더 춤을 추고 싶어요. 김 선생! 계속 추세요."

선생님, 이젠 그곳에서 돈 걱정 마시고 만들고 싶은 작품 많이 만들고 매일 바를 잡고 행복하게 연습하세요. 언제나 만면에 웃음을 가득 담고 말이에요.

–『제4회 학술세미나 – 무대 위의 불꽃 이상만』

2. 무대 위의 불꽃이 되다 / 이찬주

대한민국을 대표하는 국립발레단 1세대 발레리노 이상만(1948~2014) 씨가 2014년 1월 8일 오후 지병으로 별세했다는 소식이 전해졌다. 고인은 국립발레단의 창단 단원이자, 한국 남성 춤꾼으로서는 최초로 일리노이 발레단(National Ballet Illinois)에 입단한 프로 발레리노이다.

제4회 임성남발레단 공연 〈클래식협주곡〉(1974), 이상만·김학자

1~3. 〈공기의 정〉(1975)

이상만은 충북 괴산군 청안면 부흥리에서 태어나 백봉초등학교와 주성중, 세광고를 거쳐 서라벌예대 작곡과에 입학하였다. 그러나 대학에 입학한 지 한 달 만에 무용과로 전과한다. 우연히 무용과 수업을 보고서 중학교 재학 당시 보았던 영화 속 〈카르멘〉의 발레 동작을 기억해 내고 새로운 도전을 하게 된 것이다. 그 후 이상만은 배움에 대한 열정을 키워 한양대에 학사 편입하고 발레리노로서는 최초로 석사 학위를 받게 된다.

또한, 1970년 임성남 발레단에 입단하여 〈피아노콘체르토 1번, Ⅱ(Piano Concerto No 1, Ⅱ)〉(1970), 〈카르멘〉(1976) 등의 주역을 맡아 두각을 나타내었다. 그는 국립발레단의 초기 단장을 맡은 스승 임성남과의 인연을 이어 나가, 1974년부터 임성남발레단 〈클래식협주곡〉(1974)을 시작으로 1977년까지 국립발레단 〈공기의정〉(1974), 〈지젤〉(1975), 〈호두까기인형〉(1976), 〈코펠리아〉(1976) 등의 주역 발레리노로 무대에 서게 되고 세상의 주목을 받게 된다.

그러나 이상만은 당시의 성공에 안주하지 않고 영국, 독일, 미국 등 5개국에 자신이 주역을 한 〈지젤〉(1975)의 동영상을 보낸다. 결과는 성공적이었고 미국 일리노이주 예술학교(The National Academy of Arts)에서 3년 장학금에 기숙사까지 제공받게 된다. 하지만 불행히도 비행기 표를 살 돈이 없어 꿈이 좌절되는 듯싶었으나, 입양아를 미국으로 데려가는 홀트아동복지회의 일을 잠시 맡게 되어 1977년 2월 미국행 비행기에 몸을 실을 수 있었다고 한다.

미국의 일리노이주 예술학교 생활을 하던 이상만의 행보는 여기서 멈추지 않는다. 수업 참관을 온 일리노이 발레단의 예술감독의 눈에 띄어 학교생활 4개월 만에 직업 춤꾼으로서의 길을 걷는 행운을 얻게 되었다고 훗

〈아메리칸〉(2000) 이상만 · 김종훈

날 그는 인터뷰에서 밝혔다. 그 후 이상만은 뉴욕다운타운발레단(N.Y. Downtown Ballet)과 사우젠랜드발레단(Thousend Island Ballet)에서 발레리노로 일하게 되었고, 그간 모은 자비를 털어 1985년에는 자신의 성을 딴 '리(Lee)발레단'을 창단한다.

창단 해인 1985년 '리(Lee)발레단'은 김명순, 이득효, 김선희, 민병수, 강준하 등 발레계의 수많은 이들이 참여해 발판을 다졌으며, 현재는 박경희, 임지영, 정미라, 지다영 등 7~13년 이상 활동하고 있는 단원들이 발레단의 역사를 이어 가고 있다. 이는 마치 개인 발레단으로 오랫동안 명맥을 이어 가고 있는 피나 바우쉬의 '부퍼탈 탄츠테아터'를 떠올리게 한다. 이상만의 '리(Lee)발레단' 역시 개인 발레단으로 열다섯 명 안팎의 춤꾼만으로도 오랜 기간 유지되고 있는데, 그 원동력은 단원들을 통해 확인할 수 있었다.

바로 '리(Lee)발레단'이 오랜 기간 유지될 수 있었던 힘은 이상만이 지닌 발레 교수법(Teaching method)에서 찾을 수 있는데, '한국적인 것이 가장 세계적이다'라는 말처럼 발레에 한국적인 요소를 가미한 그의 교수법이 지금의 '리(Lee)발레단'을 있게 만든 힘이라고 할 수 있을 것이다.

미국에서 잠시 귀국한 이상만은 〈파키타(Paquita)〉(1985), 〈집시의 노래〉(1985), 〈그리그피스〉(1985) 등을 무대에 올린 뒤, 다시 뉴욕으로 돌아가 10여 년간 〈신방〉(1986), 〈논두렁〉(1987) 등 한국적인 발레를 미국에서 선보이게 된다. 그 후 이상만은 1990년 미국에서 김영희 씨와 결혼을 하고 자녀들을 두면서 발레단 일과 레스토랑 웨이터 일을 병행하여, 남몰래 발레 창작을 위한 자금 마련에도 애썼다.

그로부터 5년 뒤인 1995년, 이상만은 자녀가 어느 정도 성장하자 홀로 영구 귀국하였다. 그리고 자신이 이끄는 '리(Lee)발레단'을 통해 한국적 소재의 발레 창작에 혼신을 기울이게 된다. 그는 이효석의 단편소설 『메밀꽃 필 무렵』, 김동리의 단편 『무녀도』, 이문열의 중편 『금시조』, 한하운의 시 「전라도 길」 등 소설과 시 등 문학 작품을 소재로 여러 작품을 창작했으며 다른 예술 장르에서도 창작 아이디어를 얻곤 했다.

대표적인 작품으로는 〈메밀꽃 필 무렵〉(1997), 〈무녀도〉(1999), 〈금시조〉(2004), 〈아리랑〉(2001), 〈황토길〉(2007)과 〈춘향〉(2008), 〈바람의 화원〉(2010)과 〈김삿갓〉(2011) 등이 있다. 더불어 그의 남다른 아이디어가 그대로 녹아 있는 작품도 몇 가지 소개해 보자면, 오랜 기간 가족을 꾸리고 머물렀던 미국적 스타일이 담겨 있는 작품으로, 지폐를 뿌리며 추락하는 경제를 표현한 〈IMF〉(1998), 멋진 노신사가 아가씨들과 즐기는 〈팬시 레이디(Fancy Lady)〉(1998), 자유여신상이 등장하는 〈아메리칸(American)〉

〈호두까기인형〉(1975) 이상만 · 안승희

(2000), 코믹성이 풍부한 헌터들의 사냥 이야기 〈백조사냥〉(2005), 한국의 고전인 『춘향전』에서 변 사또와 춘향의 이야기에다 재즈와 탭댄스의 스텝을 함께 녹여낸 〈춘향 어디로 갈 거나〉(2005) 등을 꼽을 수 있다.

또한, 지난해(2013) 12월 이틀에 걸쳐 무대에 올린 〈무상(無常)〉은 서양적 색채가 가미된 작품인 동시에 그가 남긴 마지막 작품이다. 〈무상(無常)〉은 『삼국유사』에 나오는 조신의 꿈을 소재로 인간의 번뇌를 다루고 있는데, 제2장에서는 카지노에서 배팅하는 장면과 바에서 춤추는 장면이 이색적으로 담겨 있다.

이렇듯 이상만이 이끄는 '리(Lee)발레단'은 한국적 창작 발레 레퍼토리를 가장 많이 보유하고 있는 역사의 보고(寶庫)라 부른다 해도 무리가 없을 것이다. 2003년 이상만은 이러한 노고를 인정받아 한국발레협회에서 '공로상'을, 2007년에는 '무용가상'을 받았으며, 미국과 영국에서 초청받아 〈아리랑〉(2001), 〈금시조〉(2004), 〈춘향〉(2008)을 선보이기도 했다.

서양의 발레에 한국적 요소를 꾸준히 담아 온 이상만은 보다 넓은 곳에서 발레를 배우면서도 자신의 정체성을 잊지 않았고 자신이 가고자 하는 길을 뚝심 있게 걸어왔다. 그의 창작 발레는 발레가 가진 우아함과 기교를 잃지 않는 동시에 한국의 미를 품고 있다. 서양 발레에 한국의 정서가 자연스럽게 스며들 수 있도록 한국적 움직임을 창조해 내기 위해 쉼 없이 노력한 예술가의 혼(魂)이 그러한 결과를 만들어 낸 것이 아닐까.

2013년 12월 7일 필자는 인터뷰를 위해 이상만을 만났다. 그는 필자가 이상만의 고향인 충청도에서 왔다고 하니 반가워하며 자신의 사진들을 선뜻 내어주었다. 건네받은 사진 뒷면에는 특이하게도 '이번 작품 내 스타일 100%, 완전한 내 스타일 300%'라는 문구가 적혀 있었다. 손수 적은 글귀는 늘 자신이 추구했던 움직임을 무대에서 온전히 표현하고자 한 그의 열정이 담겨 있는 말이었다. 그는 "무대에 설 때가 가장 행복하다."는 말도 들려주었다.

누구보다 열정이 강했던 그는 6년 전 림프암을 진단받고 투병 중이었다. 입술에 피멍이 들고 앙상해진 몸이 되어 걷기조차 힘들어하던 모습이 지금도 눈에 선하다. 부축을 받으면서도 끝내 분장을 마치고 무대로 나서는 모습은 "무대에서 쓰러지면 큰일이다."라는 말에 고스란히 함축되어 있었다. 마지막까지 온 힘을 다해 불꽃을 태운 예술가의 뒷모습은 위대했다.

발레를 처음 시작하던 날 아라베스크(Arabesque: 외발 서기 자세의 하나)에 취해, 그 동작이 일생 동안 계속될 것 같은 예감에 몸을 떨었다는 이상만이다.[118] 1970년 무대에 처음 오른 이후 쉬지 않고 해마다 무대에 올랐고, 병마와 싸우면서도 그는 결코 무대를 등진 적이 없었다. 그는 무대에서 마지

118) 이근수, 「아라베스크로 푸는 이상만의 – 무녀도」

제1회 리발레단 정기공연(1985) 분장실에서, 조승미 · 박경숙 · 이상만

막 불씨를 태우기를 간절히 소망했고, 결국 그리되었다. 한국의 자랑스러운 발레리노로, 도전을 두려워하지 않는 예술가로, 무대를 사랑하는 창작인의 삶은 이제 막을 내렸다. 무대에 설 때 가장 빛이 난다는 고인의 삶은 다했지만, 그의 예술 혼은 꺼지지 않는 불꽃이 되어 많은 예술가의 마음을 영원히 밝히리라 믿는다.

지금은 고인이 된 이상만은 그저 순수하게 발레를 사랑했던 열정적인 한 사람이었다. 1985년부터 2013년까지 그의 작품에 등장했던 무용수들은 그의 손을 빌려 만들어진 의상을 입고 무대에 섰다. 신이 내린 춤꾼이라 불리는 이매방 선생이 한복 의상을 만들어 제자들에게 입혔다는 이야기처럼 말이다. 그리고 그가 한국에 첫선을 보였던 〈파키타〉(1986)에 등장하는 의상인 튀튀(tutu) 역시 그가 미국에서 옷감을 공수해 발레리나에게

1. 〈파키타〉(1985) 이상만 · 김명순
2. 〈파키타〉(1988) 손미경 · 이찬주 · 최윤정 · 김계숙

〈집시의 노래〉(1985) 김선희 · 이상만

손수 입힌 것으로 유명하다.

당시 〈백조의 호수(Swan Lake)〉, 〈지젤〉과 같은 고전발레에만 익숙했던 우리에게 이상만의 〈파키타〉(1985)는 황홀함 그 자체였다. 프랑스 궁중발레의 우아함과 화려함을 빼닮은 튀튀도 우리의 눈과 마음을 사로잡았다. 고(故) 조승미 교수도 〈파키타〉에 매료되어 1988년에 이 작품을 무대에 올렸고, 당시 한양대 3학년에 재학 중이었던 저자도 출연했던 기억이 떠오른다. 춤 실력뿐만 아니라 의상을 만들던 손재주도 남달랐던 이상만이다. 그가 남긴 발레 스케치와 직접 만든 청동 발레리나 인형을 보고 있노라면, 발레에 대해 남달랐던 그의 애정을 고스란히 느낄 수 있다.

찬바람이 불던 2013년 12월, 투병 중에도 이틀에 걸쳐 무대에 올리는 〈무상(無常)〉이라는 작품을 준비하고 있는 그를 만났던 기억이 떠오른다. 사실 그와의 만남은 처음이 아니었다. 필자가 그를 처음 만난 것은 1987

년 조승미 선교발레단 일원으로 뉴욕 공연을 위해 연습할 때 후배들을 격려하기 위해 이상만이 무용실에 들렀을 때였다. 훤칠한 키에 세련된 말투를 가지고 있던 그는, 유난히 선후배를 대하는 태도가 예의 바른 사람이었다.

그는 발레의 우아함에 한국의 미를 더한 한국적 움직임을 창조해 내기 위해 쉼 없이 노력해 왔다. 그의 마지막 무대가 된 〈무상〉(2013)을 위해 부축을 받으면서도 끝내 분장을 마치고 무대로 나섰던 모습은, 필자의 가슴속에서 마지막 불꽃을 태운 예술가의 혼(魂)으로 남아 여전히 숨 쉬고 있다.

–『세계를 누비는 춤예술가들』

4장

창작 발레에 나타난 한국적 움직임

/

김예림

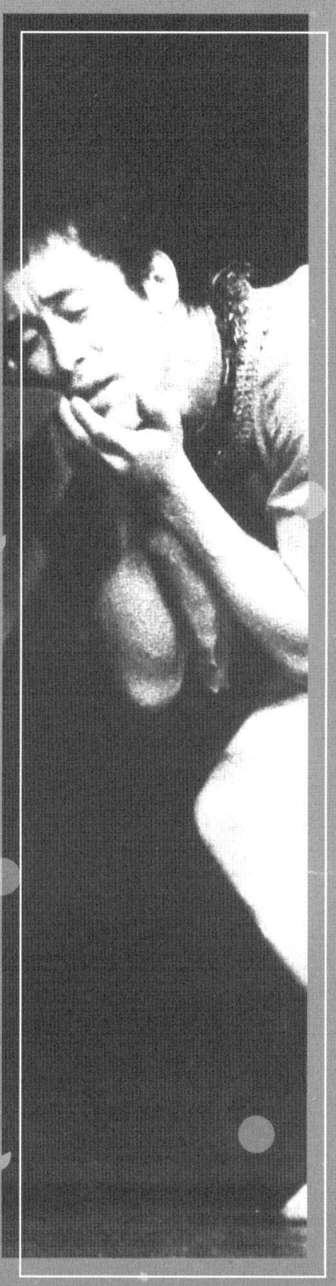

LEE발레단은 1985년 창단(서울 국립극장 대극장) 공연 이후 매년 한국 창작 발레를 국내외에 소개하는 목적으로 2013년까지 총 22회의 정기공연을 가졌다. 스토리 위주의 대작으로 〈메밀꽃 필 무렵〉, 〈무녀도〉, 〈아리랑〉, 〈금시조〉, 〈황토길〉, 〈춘향〉, 〈바람의 화원〉, 〈김삿갓〉과 컨템퍼러리 작품인 〈오셀로(Othello)〉, 〈아메리칸(American)〉, 〈카르멘(Carmen)〉 등을 대표작으로 꼽을 수 있다. 창단 후 미국 뉴욕 데뷔 공연을 비롯해 뉴저지, 영국 리버풀 등에서 해외 공연을 가졌으며 국내에서 매해 창작 활동에 주력해 왔다. 이상만 스스로 밝힌 리(Lee)발레단의 지향 목표는 다음과 같다.

> *"기교적 작품도 중요하지만 오랜 시간을 통하여 미래의 참세상을 지향하며 방향을 제시할 수 있는, 감상하므로 가슴속에서 만들어지는, 실험으로 인한 예술 창조를 목적으로 관객에게 감동을 줄 수 있는 작품만을 엄선해 오고 있으며, 무엇보다도 우리 문화의 정체성을 살려 세계화하는 데 중점을 두는 것이다."*

1. 이상만의 작품이 갖는 한국성

> *"한국적인 것을 한국인들이 알아주지 않는다는 것이 정말 아쉽습니다. 발레를 소재로 한 서양의 전설이나 신화는 인정하면서 한국적 소재는 무시하는 것은 잘못된 시각입니다. 인간에게 예술적 가치는 다 똑같은 것입니다. 외국인들이 한국에 왔을 때 자기들 이야기를 흉내 내는 것보다는 한국의 이야기를 보고 싶어 할 것이라 생각합니*

1. 〈무녀도〉(1999) 김종훈·박경희
2. 〈무녀도〉(1999)

다. 우리가 먼저 우리 것을 인정해 주면 좋겠습니다."

한국적 발레를 추구하는 이상만의 이야기다. 그는 한국의 문학, 음악, 인물, 역사 등 다양한 소재를 활용했고 자신의 해석을 더해 발레라는 언어로 표현해 왔다. 서사에만 무게를 둔 것이 아니라 시각성이 중요한 발레 장르의 특성에 맞게 의상, 소품, 세트 등 미술적 요소들에 한국적 이미지를 담는 것을 중요하게 여겼다. 특히 직접 의상을 제작하는 경우가 많았는데, 넓은 소매의 저고리나 한복 치마로 인해 자연스럽게 한국 춤동작이 유도되게 하고, 부채나 방울, 바라, 곰방대 등 한국적 소품 활용 역시 움직임에 영향을 미치게 했다.

이상만은 소재인 원작을 재연하는 데 그치지 않고 부분적으로 자신의 해석과 동시대적 공감을 유도하는 현대화 등을 적용하기도 했다. 대중적으로 잘 알려진 이야기는 발레로 만들기에 적합하기도 하지만, 수없이 재생산되고 있는 고전 이야기들을 그대로 따르기에는 이상만의 상상력과 창의적 발상이 넘쳐나기 때문이다. 예를 들어 〈무상〉의 경우 소재인 '조신의 꿈'(삼국사기 중) 이야기는 소설, 영화, 춤 등으로 수없이 재생산되었다. 신라시대를 배경으로 한 이 이야기에 이상만은 재즈바를 등장시켰고 슈트와 하이힐을 장착한 무용수로 현대성을 더했다. 그러나 원작의 서사를 바꾸는 일은 거의 없었다. 관객을 혼란스럽게 만들기보다 발레의 즐거움을 전하고자 하는 의지가 컸기 때문이다.

2. 이상만 창작 발레에 나타난 한국적 움직임

이상만의 작품들에 나타난 공통적 춤 움직임들을 살펴보기로 하자. 우선 군무의 경우는 네오 클래식(신고전주의 neo-classicism)의 구성을 따르는 경우가 많았고, 한국적 스토리나 배경과 무관하게 '디베르티스망(줄거리와 무관한 장식적 춤)'을 등장시켜 극에 치우치지 않도록 발레의 형식미를 보완했다.

〈무상(無常)〉의 1장에 나오는 여성 군무는 같은 디자인의 드레스에 색을 달리해 세 그룹으로 나누고 그룹별, 또는 전체의 춤을 보여 주었는데 이는 조지 발란신의 〈보석(Jewels)〉에서 보석별로 그룹을 지어 춤추는 장면을 연상시킨다. 〈무녀도〉에서도 역시 작은 새들의 춤으로 만들어진 여성 군무는 네오 클래식 발레 공연에 따로 떼어 공연될 만큼 구성미가 뛰어난 디벨티스망이다. 군무가 많은 춤을 보여 주는 데 비해 주인공들은 주로 줄거리를 이끌어 가는 역할을 맡아 춤보다는 연기에 비중을 둔 경우가 많다. 그 가운데 〈무녀도〉의 '소화'나 〈무상(無常)〉의 주인공 '조신'은 비교적 많은 춤을 춘 편이다.

이상만은 한국 춤에서 발생한 동작들을 자주 차용했는데, 주로 주인공의 캐릭터를 설명하는 데 효과적으로 사용되었다. 예를 들어 〈춘향〉에서 곰방대를 든 월매가 상스러운 팔자걸음을 걸으며 팔을 앞뒤로 감는 것은 봉산탈춤의 미얄할미 춤을 연상시키는데, 조선시대 양인 중 중년 부인의 제스처를 표현하기에 알맞은 동작이다. 〈무상(無常)〉에서는 첫 장면에 주인공이 승려임을 설명하며 '승무'의 염불 부분을 응용한 춤을 삽입했다. 장삼을 입고 관객에게 등을 돌린 채 엎드린 시작은 전통 '승무'의 전형적

1. 〈춘향〉(2008) 홍영기·김윤희
2. 〈무녀도〉(1999) 중 탈춤

도입이다. 이상만은 이런 경우 전통춤을 그대로 차용하지는 않는다. 팔로는 장삼을 뿌리되 다리는 무릎을 세운 발을 빼서 쭉 뻗는 등 발레 움직임 어휘와 융합시켜 활용하는 것이다. 〈춘향〉에서는 마을 처녀들의 춤에서 자연스럽게 치마를 감아쥐는 동작이나 뒤꿈치부터 딛는 걸음으로 한국적 움직임을 섞어 내기도 했다.

이상만의 작품 가운데 세 편을 통해 한국적 움직임을 좀 더 자세히 살펴보기로 하자.

1) 〈무녀도〉(1999)

- 안무 : 이상만
- 출연 : 이상만, 박경희, 김현주, 이은호, 간준하, 이정숙, 조미경, 김정은, 김문선, 심선미, 김정아, 소정아, 최은, 김봉선, 김소중, 배진희, 서주현, 홍세희, 오성민, 김수현, 이숙현, 이득효, 김종훈

〈무녀도〉는 김동리의 동명 소설을 발레로 만든 작품이다. 주인공 '모화'는 남매를 둔 무녀(巫女)인데, 아들 욱이 집을 나가 떠돌아다니다가 기독교에 심취돼 돌아오면서 불행이 시작된다. 모화의 샤머니즘과 기독교의 서로 다른 가치관이 충돌하면서 모자간의 불화가 극으로 치닫고 급기야 죽음을 부르게 된다는 비극적인 줄거리다.

〈무녀도〉는 강렬한 서사 구조 뒤에 하나의 메시지를 남기는데, 무녀 모화의 비극을 통해 무분별하게 추구되는 근대화 속에서 차츰 사라져 가는 전통적 가치를 다시 주목해야 한다는 역설이다. 이 부분에서 작가 김동리와 안무자 이상만은 뜻을 함께한다. 이상만이 이 작품에서 전통 무속의

〈무녀도〉(1999)

시각적 아름다움을 강조하고 무녀의 내면에 큰 비중을 둔 것이나 기독교와 대치되는 무속신앙이 미개하기보다 원래 우리 것, 한국의 것이라는 점을 짚어 주기 때문이다.

무녀 모화 역할의 박경희가 압도적 존재감을 드러낸 이 작품에서 이상만은 그의 아들 욱이로 출연했다. 신당의 제사상이나 무녀의 부채, 방울 등 미술적 요소들이 매우 사실적으로 표현된 데 반해 춤동작은 발레의 환상적 아름다움을 벗어나지 않는다. 그러나 탈춤이 변형되어 등장하고 모화의 팔 동작 일부가 한국 춤동작으로 변형된 것은 작품의 배경과 조화를 이루는 한국적인 것이다. 음악은 '아리랑' 등 전통 민요와 한국 창작곡이 사용되었고 클래식 음악과 영화 '마지막 황제'의 삽입곡도 등장한다.

2) 〈춘향〉(2008)

■ 안무 : 이상만

■ 출연 : 박경희, 이상만, 송창호, 정은아, 임지영, 이수진, 김윤희, 홍영기, 김재은, 박경하, 송지은, 조향미, 홍영욱, 지다영, 임선우

〈춘향〉은 잘 알려진 이야기인 만큼 다루기 쉽지 않은 소재이다. 국립발레단, 유니버설 발레단은 물론 한국무용으로는 셀 수 없이 만들어졌고, 영화와 연극, 뮤지컬 등에서도 수없이 다뤄졌기 때문이다. 그렇다면 이상만은 〈춘향〉을 어떻게 해석했을까? 그는 원작 대부분을 보존하면서 옥중 춘향의 앞에 무녀가 나타나 그를 위로하고 미래를 예견한다는 것으로 자기 해석을 더했다. 배역에 있어서는 방자 역을 여성 무용수가 맡은 점이 특이하고, 60세가 된 발레리노 이상만이 이몽룡 역할로 등장한다.

〈춘향〉에 나타난 한국적 움직임 특징은 "흥"에 있다. 흥은 한국 전통춤에서 궁중무용보다는 민속무용 쪽에서 찾아볼 수 있는 요소로, 〈춘향〉에서는 탈춤이나 농악 같은 연희적 춤의 어깻짓이나 발놀림들이 사용되었다. 특히 월매의 첫 등장에서는 팔을 앞뒤로 감으며 구부린 다리를 벌려 걷는 것으로 중년 부인의 흥과 자태를 표현했고, 후반부 방자와 향단, 월매의 춤에서는 애티튜드(Attitude)를 번갈아 교차하며 뛰는 동안 어깨춤을 추는 것으로 한국 춤의 흥을 보여 주었다.

그리고 소품에 의한 한국적 움직임을 찾아볼 수 있는데, 부채나 곰방대를 들었기 때문에 나오는 제스처는 한국적일 수밖에 없고, 방 안에서 가야금을 타는 춘향, 공부방의 이몽룡은 좌식문화를 보여 준다. 서양 발레 작품에서 볼 수 없는 자세와 움직임들이다. 변학도 앞에서 열리는 기생점지

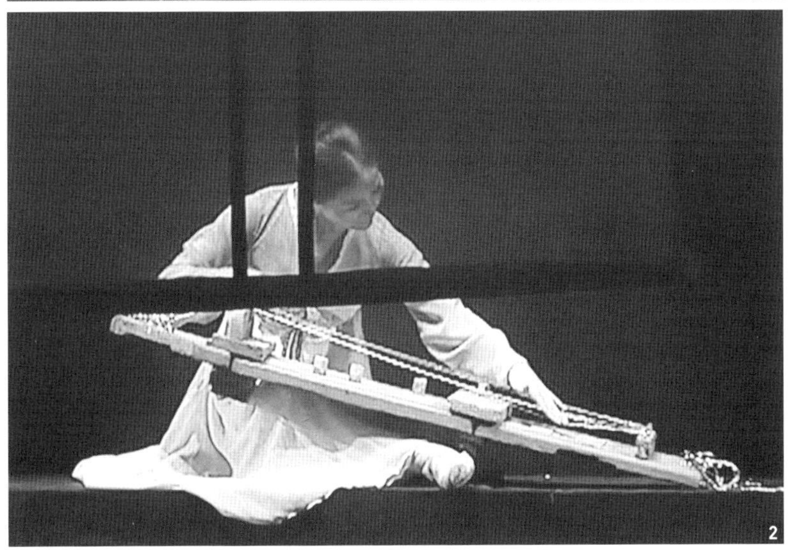

1.〈춘향〉(2008) 정은아·이수진
2.〈춘향〉(2008) 박경희

1. 〈춘향〉(2008)
2. 〈춘향〉(2008) 이상만·박경희

장면에서도 기생들이 한국춤에서처럼 치마를 감아 잡고 팔을 앞뒤로 감는 등 한국적 춤사위를 보여 준다. 월매가 정한수를 떠 놓고 기도하는 장면이나 무녀의 등장은 한국의 토속 신앙을 보여 주는 것이다. 해피엔딩으로 끝나는 〈춘향〉의 마지막 춤은 여인들의 소고춤으로 장식되는데, 소고춤의 원형대로 추는 것은 아니지만 잔칫날의 흥을 돋우는 요소로 충분히 활용되었다.

3) 〈무상(無常)〉(2013) (2013 창작산실지원사업 제작지원 선정작)

- 안무 : 이상만
- 출연 : 박경희, 임지영, 정설웅, 지다영, 박경하, 홍영욱, 최송이, 전혜원, 김권희, 조향미, 문지수, 홍영기, 윤지연, 이창배, 조진혁, 조한얼, 김진석, 박병일, 김지연, 박소영, 박유리, 김나연, 이다슬, 한슬기, 성초롱, 김보현, 임예섭, 하소영, 고아란, 이상만

〈무상(無常)〉은 『삼국사기』에 나오는 '조신의 꿈'을 모티브로 한 발레 작품이다. 한 승려가 불당에서 관음보살의 길을 떠나 속세의 새로운 삶이 시작되지만 타락해 가는 인간 삶의 허무함을 느껴 다시는 인세(人世)에 뜻을 두지 않고 관음보살의 부름에 불도(佛道)의 길로 돌아간다는 내용이다.

〈무상(無常)〉은 다른 작품들과 마찬가지로 조지 발란신의 네오클래식 작품에서 볼 수 있는 비대칭적 구도와 클래식 발레의 디벨티스망 영역이 존재한다. 특이한 사항으로는 신라시대를 배경으로 한 작품임에도 현대의 인물과 공간이 등장한다는 것이다. 이러한 시간의 교차 해석은 이전 작품들에서 보지 못했던 것들로, 인물뿐 아니라 조명, 음악, 소품 등 모던발레

1. 〈무상〉(2013) 이상만 · 정설웅
2. 〈무상〉(2013) 정설웅 · 조한얼 · 조진혁 · 김진석

이미지를 보여 준다. 춤은 승무로 시작하여 엔딩 장면의 바라춤으로 끝나는 동안 다양한 발레의 바리에이션을 보여 주었다. 특히 장삼을 입고 버선을 신은 승려 조신의 춤은 승무의 원형에서 가져온 상체 움직임과 발레 동작을 하는 하체 움직임을 조화롭게 융합시킨 것이다.

후반을 장식한 군무에서는 남성 무용수들이 바라를 치며 점프 동작을 반복하는데, 앞선 모든 것이 꿈이었지만 허무하지 않고 현재를 돌아보고 미래를 향해 정진한다는 긍정적 해석의 표출이다. 한국 춤에서 바라가 제의적 춤으로 정적으로 다뤄지는 데 반해 이상만의 〈무상〉은 활기찬 점프와 다이내믹한 동선 안에서 사용되었다. 새로운 관점이 흥미로운 장면이다.

한국 1세대 발레리노로서, 도전을 두려워하지 않는 예술가로 무대를 사랑하던 창작인의 삶은 이제 막을 내렸다. 무대에서 가장 빛났던 고인의 삶은 끝이 났지만, 그의 예술 혼(魂)은 영원히 많은 예술가들의 마음을 밝히리라 믿는다. 특히 한국적 창작 발레를 지향하는 후학들에게 구체적 접근법을 넘어 발레에 대한 애정과 의지의 상징으로 기억되길 바란다.

–『제4회 학술세미나 – 무대 위의 불꽃 이상만』

5장

춤 작업의 비평적 증언

1. 금년 들어 감동을 맛보다 / 이순열

임성남이 귀국한 뒤 처음으로 발레를 선보였을 때 우리는 헤아릴 수 없는 감동을 맛보았다. 그것은 그가 예술적으로 완벽해서도, 훈련시킨 무용수들이 성숙해서도 아니었다. 그것은 그가 무한한 가능성을 약속하면서 새로운 무대에 등장했기 때문이다. 나는 그의 그 미숙했던 무대를 우리가 보았던 영화 속의 어느 훌륭한 무대보다도 더욱 감동에 겨워 줄곧 눈물을 머금고 바라보고 있었음을 기억하고 있다.

그러나 그 가능성은 어떻게 꽃피고 있는가? 그런 의미에서 이번에 임성남 공연에서 우리에게는 어떤 전기를 기대하는 마음이 어느 때보다 강렬했다. (…) 그런데도 얼마나 발전하고 얼마나 달라졌는가? (…) 물론 달라진

〈메밀꽃 필 무렵〉(1997) 김종훈 지우영

1. 〈임성남발레단공연〉(1976)
2. 〈카르멘〉(1976) 이상만

것이 전혀 없지는 않으리라. 그러나 그 발전 속도가 우리의 기대에 너무 아득히 뒤져 있다면 우리에게는 발전은 오히려 후퇴로 느껴지기도 할 것이다. 그때로부터 느껴지던 불안이 이제는 너무나 뚜렷한 현실로 부각되어 막다른 골목 앞에 섰을 때의 암담한 느낌을 갖게 할 뿐이다. 양적인 확산이 질적으로 승화되어야 할 단계가 벌써 지났는데도 미학의 결여와 함께 무용 이전에 정리되어야 할 문제가 여전히 외면당하고 있는 느낌이었다.

〈지젤〉의 2막에서 미르타의 박해련이 가능성을 보여 주었을 뿐 (…) 모든 무용수들이 조화(造花)와도 같이 생명력이 없는 무용을 보여 주었다. (…) 한 무용단의 질은 솔리스트 한두 사람의 역량으로 결정되는 것이 아니며 단원 전체 탄력성이 밑받침되고 있어야 할 것이다. (…)

이번 공연에서 필자를 놀라게 한 것은 이상만의 발전이었다. 남성 무용수의 부재가 너무 통감되고 있었던 탓이기도 하겠지만 그의 무용은 금년 들어 처음으로 감동을 맛보게 해 주었다. 그가 동작을 할 때마다 아슬아슬한 불안감을 맛보게 해 주었지만 몸의 탄력성이 놀라웠고 다른 남성 무용수들이 360도 제대로 안 되는 뚜르 앙 레르(tour en air)에 있어서도 그는 2회전을 우아한 동작으로 성취할 수 있었다. 앙트르샤도 무난한 편이었고 다만 그랑쥬떼가 미흡하기는 했지만 크게 기대해 봄직한 무용수이다. (…)

〈카르멘〉의 진수인은 까락떼르[119]로서 좋은 소질을 보여 주었고, 무용의 내용이 소화되기 쉬운 탓이겠지만 군무도 〈지젤〉에서보다는 생명력 있게 보였다. 그러나 아다지오의 무용을 소화할 수 없는 무용수들, 발레리나의 자리를 메울 수 있는 무용수가 없다는 것이 심각한 문제로 남아 있다.

우리가 가장 기대하고 아끼는 임성남의 안무와 그의 무용단이 왜 발전이 없는 것일까? 그것은 그가 하찮은 언덕에 올라 거북이쯤이야 언제 나를 따르랴는 듯한 오만 때문인지도 모른다. 물론 우리나라에는 불행히도 그에 필적할 만한 라이벌은 없다. 그러나 외국 기준은 고사하고라도, 그리고 그 누구와도 비교할 수 없는 위치에 오른 자일지라도 언제나 최후의 라이벌은 남아 있는 법이다. 현재의 자신과 더욱 상승할 수 있는 자신의 가능성과의 경쟁을 포기한다면 예술에는 사멸이 있을 뿐이다.

–『춤』 1977. 2.

119) 까락떼르(caractere)란, 자르다스나 집시춤 같은 비고전적 성격이나 민족춤을 추는 발레춤꾼을 일컫는 용어이다(이찬주, 『춤–all that dance』, p. 320).

2. LEE BALLET가 보여 주는 한국 발레의 가능성 / 이근수

한국에서 발레와 현대무용 등 외국 무용의 가능성은 어디까지일까. 외국 무용단의 화려한 무대에 익숙해진 눈으로 우리 현대무용과 발레 무대를 바라보면서 언제나 지내 왔던 느낌이다. 신체적 조건이 절대적 비중을 갖는 발레와 현대무용, 거기에다 스텝진의 취약성과 자금력의 열세로 대변되는 아마추어 무용단의 한계와 무용 관객의 절대수 부족이라는 여건을 감안해 보면 이 땅에 외국 무용이 설 자리는 한결 좁아 보인다.

이러한 문제점은 발레에 있어서 더욱 심각한 것 같다. 든든한 스폰서를 가진 국립발레단 유니버설발레단이 명맥을 잇고 있다고 하지만 국내 제3의 발레단으로 독특한 캐릭터를 보유하고 있던 '서울발레시어터'가 재정난에 봉착한 것을 바라보면서 이러한 느낌은 더 복잡해진다. 그러나 1997년 가을부터 국내 무대에 본격적으로 서기 시작한 '리발레단'의 근작들에서 우리나라 발레의 한 가지 가능성을 찾아볼 수 있었다고 말한다면 이것은 지나치게 희망적인 관측이 될 것인가.

'이상만'은 충북 괴산 출신으로 이제 50세의 무용가 겸 안무가이고 '리발레'의 발레 마스터이다. 그는 1977년에 도미한 후 주로 일리노이주와 뉴욕에서 활동하면서 1986년부터 1995년까지 10년 동안 한 해도 거르지 않고 뉴욕에서 '리발레'의 이름으로 개인공연을 해 왔다. 누구보다도 아메리칸 발레에 익숙해져 있을 그가 귀국 후 국내에서 첫선을 보인 창작 발레는 뜻밖에도 이효석 원작의 〈메밀꽃 필 무렵〉이었다(서울국제무용제, 1997). 한국 냄새가 물씬 풍기는 전원과 장터 풍경의 무대, 우리의 눈과 귀에 익숙한 의상과 음향을 가지고 그는 동양정신의 발레화를 선언한 것이다.

〈IMF〉(1998)

그의 이러한 시도는 1998년 7월의 신작 무대인 〈밀양아리랑〉에서도 그대로 나타난다. 국립국악원이 연주하는 '밀양아리랑'의 흥겨운 가락에 맞춰 색동옷을 이미지화한 클라식튀튀(무용수의 몸에 비해 길이가 너무 긴 것이 눈에 거슬리긴 하지만)를 입은 이혜주(이정숙과 교차 출연)와 김찬식의 '파드되(pas de deux)'는 동서양을 거침없이 넘나드는 그의 춤의 특징을 다시 한 번 확인해 주고 있다.

작품 〈IMF〉는 또 다른 면에서 동서양의 만남을 표현해 주고 있어 흥미롭다. 급속한 경제 개발의 여파로 흐트러진 전통적 가치관과 서구화된 젊은이들의 성적 윤리, 소비와 물질 만능의 광기 어린 세태하에서 소

1. 〈지젤〉(1975) 이상만 · 김학자
2. 〈밀양아리랑〉(1999) 이상만 · 이정숙

1. 〈로댕의 연인〉 이상만 · 권선미
2. 〈Fancy Lady〉(1998

돔성같이 타락해 가는 한국 사회에 뇌성을 몰며 벽력같이 닥쳐 온 서양의 I.M.F(국제통화기금)는 현대판 동서양의 충돌을 형상화한 것이라고 볼 수 있다. 마지막 장면에서 눈송이처럼 하늘에서 뿌려지는 지폐(혹은 증권)를 보면서 추락하는 한국의 실상을 보는 것 같은 처연함을 느끼면서도 골드스미스(Goldsmith)의 효과적인 음악과 14명의 탄탄한 몸매들이 충분한 연습량을 보여 주어 인상적인 작품이었다.

이번 공연의 압권은 마지막 작품인 〈Fancy Lady(멋쟁이 숙녀)〉였다고 볼 수 있다. 우선 밝은 무대와 시원한 배경, 오펜바흐(J. Offenbach)의 경쾌한 음악이 돋보인다. 멋쟁이 올드미스인 발레리나 권경미와 노신사 이상만의 연애 놀이가 재미있다. 작은 키와 비대한 몸으로 〈지젤〉과 〈메밀꽃 필 무렵〉, 〈로댕의 연인〉 등에 출연한 이상만을 볼 때마다 불안하고 부담스러웠는데, 신사 역으로 출연한 이 작품에서는 애교스런 권경미의 상대역으로서 그런대로 어울린다.

목과 얼굴이 길어 마사그라함을 연상케 하는 권경미는 〈메밀꽃 필 무렵〉과 〈IMF〉에서는 남녀가 뒤엉킨 섹시한 모습을, 〈로뎅의 연인〉(자유소극장, 7. 11.)에서는 사랑의 환희와 실연의 절망이 교차하면서 파괴되어 가는 예술가의 영혼을 아름답게 표현한 데 이어 이 작품에서는 노신사의 사랑을 일면 유혹하며 일면 애태우는 장난스러우면서도 고혹적인 춤을 연출하는 등 다양한 역할을 무리 없이 소화해 내고 있다.

표정이 풍부한 이혜주가 리드하는 소녀들의 코믹한 연기는 어서 어른이 되어 화장도 하고 연애도 하고 싶어 하는 동심의 세계를 만화처럼 친근하게 떠올려 준다. Fairy 역의 조미경이 풍기는 서정적인 분위기는 언뜻 작품에 코믹한 분위기와는 어울리지 않는 듯하면서도 작품의 전체적인 톤을 자연스럽게 마무리해 주고 있어 돋보인다.

'리발레'는 대학이나 특정한 스폰서 의존하지 않는 독립 무용단이다. 경영 여건이 불안하고 지속적으로 좋은 무용수를 공급받을 수 없다는 문제는 있지만 이러한 문제점은 한편으로는 같은 대학에서 같은 훈련을 받은 같은 유형의 무용수들로만 구성되어 있는 다른 무용단의 한계점에서 벗어날 수 있다는 장점이 될 수도 있을 것이다.

한국의 전통적인 정서를 발레 테크닉과 접목시키고 전환기에 처한 우리 사회의 실상을 아프게 고발하는 예민한 노력을 소홀히 하지 않으면서 코믹한 발레를 통해서 계속적으로 관객에게 친근히 다가갈 수 있다면 '리발레'는 분명히 오늘날 관객 무시의 한국 발레가 나아갈 새로운 방향을 제시해 주고 있다고 말할 수 있을 것이다.

–『무용가에게 보내는 편지』 경희대학교출판국, 1998.

3. 순수한 발레 열정(熱情) 돋보여 – 무녀도 / 송종건

1970년대 우리나라 발레계의 남성 주역으로 활약한 안무가 이상만의 한국 창작 발레에 대한 생각은 다음과 같다. 〈라 바야데르〉는 인도를 배경으로 했고 〈돈키호테〉나 〈파키타〉는 스페인을 배경으로 했다면, 한국 사람은 한국 배경에 발레를 만들어야 하지 않는가 하는 생각이다. 백번 맞는 말이다.

이에 따라 그는 1996년 오래 외국 생활을 청산하고 돌아온 후 한국의 정서를 담은 발레 〈밀양아리랑〉 등의 작품을 만들어 왔다. 바로 이런 작업

1. 〈무녀도〉(2000) 박경희·강준하
2. 〈무녀도〉(2000) 이상만·박경희
3. 〈무녀도〉(2000) 이상만·김현주

의 연결이라고 할 수 있는 리발레단의 제11회 정기 공연 〈무녀도〉(안무 이상만)가 지난 11월 5일 리틀엔젤스예술회관에서 있었다. 이번 공연은 개인 발레단의 경제적 어려움 때문에 무대장치 등 공연 인프라가 풍요롭게 못했지만 오직 발레에 대한 순수한 열정이 무대 전체에 가득 넘쳐흘렀다.

막이 오르고 2명의 분홍빛과 흰색 의상을 입은 무용수들의 무당춤이 시작된다. 독무, 2인무, 5인무, 다양한 바리에이션들이 이어진 다음 16명의 군무의 현란한 춤이 만들어진다. 이어 모화(박경희扮) 와 뭇남자(강준하扮)의 에로틱한 파드되가 이루어진다. 계속해서 12명의 군무가 모화를 에워싸고 그로테스크한 움직임을 만들 때 모화는 딸 낭이를 출산한다.

2막에서는 모화와 낭이 각각의 독무가 정숙하고 차분하게 이루어졌다. 다시 5명의 한국 탈을 쓴 발레리나가 탈춤발레를 만드는데 설득력 있다. 한국 고유의 가락이 계속 이어지면서 한국 춤의 어깨춤 사위로 이루어지는 발레가 아름답다. 한국적 발레를 정교한 안무로 성공적으로 이끌어 간다. 모화의 아들 욱이(이상만扮)와 낭이의 빛나는 2인무가 펼쳐진다. 성경을 함께 읽어 가면서 오누이의 정을 펼치는 듀엣이 빛나는 앙상블을 이룬다.

50대가 넘은 이상만은 아직도 훌륭한 무용수다. 초반에 약간 느슨하게 느껴지던 분위기도 사라지고 작품은 갈수록 긴장감을 더한다. 고즈넉한 저녁에 성경을 들고 나온 아들과 무녀 모화의 죽음과 파멸로 이어지는 엄청난 갈등이 시작된다. 불꽃 속에 군무가 시작된다. 분노한 모화가 성경을 빼앗아 불 속에 던진다. 청룡도를 들고 나온 모화가 예수 귀신 들린 아들을 다치게 한다. 불꽃도 쓰러지고 아들도 쓰러져 간다. 아..아.. 하는 진혼의 느린 구음이 들리고 허탈한 모화를 옆에 두고 이루어지는 8명의 불

춤이 섬뜩하기만 하다.

이번 작품의 하이라이트인 3막의 코다 피날레는 무녀 모화의 대굿 장면으로 이루어진다. 큰 바다의 배경막이 펼쳐지고 '강원도 아리랑'의 구성진 음향 속에 깊은 물속에서 모화가 양손에 긴 천을 들고 나온다. 움직임이 대단히 선명하고 깨끗하게 이어진다. 18명의 흰 소복 차림의 군무들이 조용히 두 손으로 합장하고 아라베스크를 만든다. 장쾌한 라인을 이어 가며 한 명씩 아라베스크를 반복해 만드는 동일한 이미지가 한없는 정숙미를 연출한다. 군무에 라인을 직선에서 원으로 만들어 나가는 안무도 유연하기만 하다. 한국 고유의 춤사위가 자연스럽게 묻어 있는 군무의 움직임이 활기차고 입체적이다. 군무가 강강술래처럼 원을 그릴 때 원 속에 모화는 신비롭게 푸에테(fouette)를 한다. 14명의 군무가 바다 쪽을 보면서 2열로 도열하여 인터벌을 정확히 잡으면서 한 걸음씩 옮기고 있을 때 모화가 천천히 바다 깊은 곳으로 빠져 들어간다.

인터미션까지 합쳐 거의 3시간 동안 진행되었던 이번 공연은 일부 단원들의 기량이 떨어지는 모습이 보였으나 안무로서 힘을 받치고 있었다. 사실 우리나라의 현실에서 개인발레단이 대작발레, 그것도 한국적 창작 발레를 공연한다는 것은 정말 어려운 일이다. 이런 어려운 일을 묵묵히 해나가는 안무가에게 사회 전체적인 지원이 있어야 할 것이다.

잘 알다시피 안무가 이상만은 1970년대 국립발레단의 주역 남자 무용수로서 초창기 한국 발레의 틀을 닦은 사람이다. 그리고 그 이후 미국으로 유학 가서 1996년 완전히 귀국할 때까지 우리나라 남자 무용수로서는 유일하게 외국의 직업발레단에서 무용수로 활약한 소중한 경력이 있다. 그의 뛰어난 안무 능력과 무용예술에 대한 열정을 국립발레단이나 기타 직업

발레단에서도 사용할 수 있어야 한다. 여러 가지 열악한 여건 속에서 정말 어려운 두 가지 도전-대작발레와 한국적 발레의 창조-을 꿋꿋이 시도해 나간 이번 공연에 박수를 보낸다.

-『댄스포럼』 2000. 3.

4. 아라베스크로 푸는 이상만의 〈무녀도〉 / 이근수

"발레를 처음 시작하던 날 '아라베스크'에 취해 그 동작이 일생동안 계속될 것 같은 예감에 몸을 떨었다."는 이상만의 '리발레단'이 김동리 원작의 〈무녀도〉를 리틀엔젤스예술회관 무대에 올렸다(2001. 12. 5.). 〈무녀도〉는 영감이 뛰어난 무녀인 모화(박경희)와 천주교 신자가 된 아들 욱(강준하)과의 종교적 갈등을 배경에 깔고 전통적인 무당춤과 발레의 접목을 시도한 작품이다. 18년간의 미국 생활을 청산하고 귀국한 후 그가 창작한 〈메밀꽃 필 무렵〉, 〈밀양아리랑〉 등과 동일 선상에 있는 향토색 짙은 작품이다.

무대는 무녀의 딸인 낭이가 그린 어머니의 초상화(무녀도) 앞에서 추어지는 굿거리의 발레 군무로 시작되어 낭이(김현주)의 솔로와 파드되(박경희, 강준하) 등으로 이어진다. 새와 달과 별과 꽃들의 춤이 3인무, 5인무, 군무로 이어지고 탈춤을 발레화한 시도도 보인다. 잘 알려진 소설을 대본으로 삼았기 때문에 춤의 의미는 잘 전달되었으나 테크닉 면에서 완숙치 못한 발레리나들에 의해 추어지는 2시간 10분에 걸친 공연은 반복되는 부분들이 많아 약간은 지루한 감을 주었다.

든든한 스폰서 없이 소액의 공연지원금에 의존해야 하는 민간발레단의

1. 〈무녀도〉(2000) 중 탈춤
2~3. 〈무녀도〉(2000)

한계 속에서도 이상만이 직접 디자인한 의상과 편집한 음악은 작품과 잘 어울리며 무속적인 분위기를 살려 주었다. 의욕적으로 만든 대작을 단 1회 공연으로 끝내야 했던 것은 안타까운 일이지만 3막에서 욱이와 모화의 죽음을 애도하며 17명의 무용수들이 차례로 펼치는 느린 '아라베스크'와 'Cambre port de bras'는 마리우스 프티파의 〈라 바야데르〉의 3막을 연상시키면서, 무녀도의 토착적인 정감을 살려 준 피날레였다.

–『춤과 사람들』2002. 1.

5. 리발레를 다시 생각한다 – 〈춘향〉 / 이근수

'리발레단'(LEE BALLET COMPANY, 대표 이상만)의 최근작인 〈춘향〉 전2막 공연을 보았다. 이런 작품에 대한 리뷰를 쓸 때 평론가는 가장 안타깝다. 작품엔 분명 약점이 있는데 그 이유가 손에 잡히듯 보이기 때문이다. 무용공연의 3요소는 무용가와 무대와 관객이다. 무용가가 춤을 잘 추는 것이 중요하지만 배역의 적절성도 이 요소에 포함되고 무대는 무대장치와 소도구 외에 무대의 넓이와 깊이, 객석과의 거리, 조명과 음악, 의상 등을 모두 포함한다. 관객은 관객 구성과 호응도, 객석 구조 등을 종합적으로 의미한다.

무용공연이 갖추어야 할 요소들에 비추어 볼 때 〈춘향〉은 우선 배역이 이상하다. 원작에서 성춘향과 이몽룡은 물론이고 향단과 방자 등이 모두 지금의 하이틴이라 할 수 있는 신선하고 나긋나긋한 10대들이다. 그런데 이번 공연의 캐스팅을 보면 중요 배역들을 무용단의 최고 연장자들이 나

1~2. 〈춘향〉(2008) 이상만·박경희

누어 맡았다. 단장인 이상만이 이도령을, 박경희가 춘향을 맡았고 향단의 임지영, 방자역의 남장 여인 이수진 등이 30대 이상이다.

공연장인 메리홀은 객석과 무대의 거리가 가까워 입고 있는 타이즈 주름은 물론 분장의 두께까지도 감출 수 없는 곳이다. 열 명의 무용수들이 군무를 추기에 무대는 좁고 깊이 또한 얕다. 조명은 단순하게 밝음과 어두움만을 조절해 줄 뿐 극적 효과가 약하고 무대 의상 역시 촌스러운 색감에 낡았기까지 하다. 객석은 출연자 가족과 어린이, 중고생들이 태반을 차지하고 있으니 직업발레단의 정기공연이라기엔 초라한 모습이 아닐 수 없다.

그런데도 나는 10분의 인터미션을 제외하고도 2시간에 걸친 이 공연을 끝까지 재미있게 보았다. 열정으로 발레의 끈을 놓지 않고 모인 무용수들이 공연에 기울이는 진지함이 진솔한 메시지로 전해 왔고, 드러난 약점들이란 것이 단지 돈이 없기 때문이라는 것을 알 수 있기 때문이다.

내로라하는 발레리노, 대학로 예술극장이나 토월극장 등의 일류공연장, 조명기사와 의상 등 모두가 공연자들에게 엄청난 비용이 든다. 유니버설발레나 국립발레단 같이 든든한 스폰서가 있든지, 안무자가 대학에 적을 두어 재학생과 졸업생들을 충분히 활용할 수 있든지, 하다못해 문화예술위원회로부터 일회성 공연지원금이라도 받지 못한다면 전막의 발레 공연은 우리나라에선 생각조차 할 수 없는 발레계의 현실이다. 그런데 '리발레단'은 아무런 도움도 없이 금년 스무 번째 정기공연을 갖는 것이다.

서라벌예대와 한양대 무용과를 졸업한 후 4년 동안 국립발레단의 주역무용수였던 이상만은 1975년 발레리노로서는 드물게 미국 유학길에 오른다. 일리노이주에 있는 국립예술학교(National Academy of Arts)에서 3년을 마치고 아메리칸 발레스쿨과 조프리 발레, 뉴욕발레스쿨 등에서 본격적으로 미국 발레를 익힌 그는 1985년 국립극장 대극장에서 귀국 공연 겸 '리발레단' 창단 공연을 갖는다. 이듬해에 〈신방(Bride's Room)〉이란 향토색 짙은 작품으로 뉴욕 FIT(Fashion Institute of Technology, N.Y.)극장에서 데뷔 공연을 가진 그의 발레행보는 국내보다는 미국을 겨냥하여 1994년, 〈향(Fragrance)〉 공연(La Guardia Performing Art Center, N.Y.)에 이르기까지 주로 뉴욕에서 계속된다.

그의 작품을 처음 본 것은 1997년 문예회관 대극장에서 공연된 〈메밀꽃 필 무렵〉, 그리고 다음은 1999년의 〈무녀도〉(리틀엔젤스예술회관)였다. 작품들을 보고 난 후 나는 이렇게 썼다.

> *"1997년 가을부터 한국무대에 본격적으로 서기 시작한 '리발레단'의 근작들에서 우리나라 발레의 한 가지 가능성을 찾아볼 수 있었다고 말한다면 지나치게 희망적인 관측일까. (…) 한국의 전통적인 정서를 발레 테크닉과 접목시키고 전환기에 처한 우리 사회의 실상을 아프게 고발하는 예민한 노력을 소홀히 하지 않으면서 코믹한 발레를 통해 계속적으로 관객에게 친근히 다가갈 수 있다면 '리발레'는 분명 관객 무시의 한국 발레가 나아갈 새로운 방향을 제시해 준다고 말할 수 있을 것이다."*

나의 예측은 한참 빗나갔다. 대학에서 자리를 잡지 못하고 든든한 스폰서나 지원금 혜택으로부터도 쉽게 외면받은 그는 연명하듯 무용단을 이끄는 것만도 힘겨워했기 때문이다. 이러한 힘겨움 속에서도 제작된 작품 〈춘향〉은 몇 가지 중요한 의미를 갖는다.

첫째, 〈로미오와 줄리엣〉의 비극적 사랑에 필적할 만한 우리나라 대표 사랑극인 춘향을 원본 그대로 발레 레퍼토리로 재현해 내는 데 성공했다는 것이다. 2007년 말, 국립발레단이 공연한 변종 춘향전의 실패를 생각한다면 이러한 노력은 더욱 값진 것이다. 솔로, 파드되와 군무가 적절히 배합된 재미있는 구성, 스피디하고 드라마틱한 스토리텔링은 외국 무대에 내세울 수 있는 한류 브랜드로서의 가능성을 보여 주었다.

둘째로 연습량이 충분할 수 없음에도 불구하고 무용수들의 기량이 고르고 군무의 호흡이 좋다. 특히 정은아(월매), 이수진(방자), 송창호(변사또)는 코믹한 표정과 다이내믹한 연기력으로 작품 전체에 활기를 불어넣었다. 군무진 중에선 '조향미'가 특히 시선을 끈다. 발레리나로서 이상적인 체형에 갸름한 얼굴, 군무와 솔로를 함께 소화해 내는 춤 실력은 발레단의 솔로이스트로도 손색없을 것이다.

셋째, 작품에서 드러난 약점들은 충분한 공연 자금만 뒷받침된다면 바로 해결될 수 있는 문제들이라는 것이다. 조향미와 이수진을 춘향과 향단으로 하고 이도령과 변학도를 맞바꾸는 배역의 변화와 함께 어사출또 부분의 극적 효과를 강조하고 결혼식 축제에 디베르티스망(divertissement)을 추가하여 엔터테인먼트적 요소를 보강한다면 작품의 완성도는 한결 높아질 것이다. 외국을 알고 있으되 〈메밀꽃 필 무렵〉(1997), 〈무녀도〉(1999), 〈밀양아리랑〉(2000), 〈황토길〉(2007) 등 한국의 토속적 소재를 끈질기게 천착해 온 '리발레'에 다시금 희망을 품어 본다.

– 『누가 이들을 춤추게 하는가 – 우리 시대 무용가 30인』 룩스문디, 2010

6. 60대 발레리노의 열정 / 이상일

60고개의 발레리노(실상 발레리노라는 남성무용수 전문용어 '당쇠노르'라 한다) 이상만의 전2막 〈춘향〉(6월 13일~14일, 서강대학교메리홀)도 집념과 춤에 대한 열정의 결실이라 할 것이다.

해외 체류 활동 9년 만에 1985년 귀국공연을 가졌던 그의 리(Lee)발레단은 한국 발레계의 소외된 스타그룹이다. 임성남, 김성일 등 몇 되지 않는 발레계의 중진 무용수 가운데 한 사람이었음에도 불구하고 나이 들어간다는 자연의 천형(天荊)이 그를 떠오르는 젊은 발레 스타들의 광망(光芒) 앞에 무색한 빛으로 머물게 한 것인지, 아니면 해외 주력 공연 탓인지는 알 수 없다.

그가 안무가 겸 〈춘향〉의 늙은 이몽룡 도령으로 무대로 돌아왔다. 예술가들이 나이가 들어가면서 찾게 되는 고향의 목소리, 그 한국적소재는 발레 예술에 있어서 민속발레 장르를 형성할 정도로 이상만 안무의 〈춘향〉도 해외에 나가면 민속발레로 호평받기에 충분하다. 그만큼 전통음악, 의상, 소도구 등만이 아니라 작품 구성 자체도 민속적 색채를 강화하고 있다.

이 작품에서 뚜렷한 상징의 소도구는 '붓'이다. 도입 부분에서의 서예 훈련, 그리고 이도령과 춘향의 사랑 장면에서 애무의 붓장난, 그리고 어사출또 직전의 시구(詩句)를 휘갈기는 붓대가 정절녀(貞節女) 〈춘향〉 주제의 동양적 기둥이다. 이야기의 설화성(說話性)을 간결하게 생략해 낸 안무는, 그러나 6장 '농악'이나 7장 '태평성대' 등에서 한국적 요소를 지루하게 강조한 흠이 없지 않다.

60객인 이상만이 그 나이에 이몽룡이라니! 그 열정이 있기 때문에 이 어

1. 〈춘향〉(2008)
2. 〈춘향〉(2008) 이상만·박경희

려운 현실적 악조건에서 민간 발레단을 운영해 나갈 수 있을 것이다. 그런 열정들이 모여 리발레단 멤버들의 아직은 약간 미숙하지만 내일을 기약하는 팀워크가 이루어진다. 춘향 박경희, 향단 임지영, 방자 이수진 등은 무난했고 변학도 역 송창호, 월매 역 정은아가 돋보였다.

–『몸』 2008. 7.

7. 영국 리버풀 세계페스티벌 개막식공연

지난 7월 16일 7시 30분 영국 리버풀시의 필하모닉 콘서트홀(Philharmonic Concert Hall)에서 1,000여 명의 관객 앞에서 있었던 리버풀 페스티벌 개막식 공연에는 우리나라를 대표하여 리발레단이 참가하고 있었다. 공연이 시작되기 전 세계 20여 개국의 대표들이 앉아 있는 박스석에 앉자 평자는 한국적 발레가 과연 세계시장에서 성공할 수 있을까 하는 생각에 잠겨 있었다.

리발레단의 〈금시조〉 하이라이트 공연이 이루어진다(솔직히 평자는 이때에 대부분 박력 있는 리듬의 서구의 공연을 끊고 느린 우리 춤이 어필할 수 있을지 긴장하고 있었다).

서구의 음향과 리듬과는 달리 정반대의 느낌을 던지는 우리의 공연이 선명한 이미지를 만들어 나가던 이번 공연에서 평자는 우리의 창작 발레가 쿵쾅거리는 서구의 리듬이 앞뒤에 있었는데도 객석에 입체적 안무의 흐름까지 만드는 것을 느꼈다.

공연이 끝난 다음 영국인들이 'Elegant(우아하고)', 'Graceful(고상하고)',

'Colorful(화사하다)'이라는 찬사를 보내고 있었고 그다음 날 프랑스 대표자로부터 'Poetic(시적이다)'이라는 평까지 들었던 이번 공연을 통해 평자는 우리가 왜 '한국적 발레'라는 작업을 한없이 해야 되는지 하는 것을 확인할 수 있었다.

– 리발레단 홈페이지

8. 〈무상(無常)〉에 실은 고독한 발레리노의 꿈 / 이근수

어두움 속에서 법고(法鼓) 소리가 나직이 울려온다. 빛이 들어오면 무대 한가운데 설치된 계단 앞에 흰 장삼을 걸친 스님이 정좌해 있다. 계단이 끝나는 곳에 놓인 커다란 법고 앞에서 관음보살이 천천히 계단을 내려온다. 스님과 보살, 여인의 3인무가 시작된다. 보살은 부처(佛)이고 여인은 중생(衆生)이다. 부처와 중생의 사이에 스님(僧)이 있음을 상징한다. 무대 네 귀퉁이에서 등장한 여인들이 두 줄로 늘어서며 통로를 만들고 보살이 공중에 들려 불전 앞을 떠나간다.

여인들의 군무가 계속되는 사이 화면엔 4계의 변화가 영상으로 흘러간다. 낙엽 지는 을씨년스러운 가을 풍경에 이어 대지에 쌓이는 하얀 눈송이가 겨울을 알려 주고 초목이 싹터 오는 봄날의 정경과 여름의 짙푸른 녹음이 연속으로 펼쳐진다. 4계의 풍경에 이어 나타나는 별자리 영상은 끊임없이 되풀이되는 시간의 무한성을 보여 준다. 계절 따라 여인들의 의상도 바뀐다. 갈색에서 붉은색으로, 다시 흰색과 녹색으로 갈아입는 색감이 세련되고 브람스의 클래식한 음악은 고즈넉한 산사의 정경과 조화를 이

1. 〈무상〉(2013) 정설웅 · 지다영
2. 〈무상〉(2013) 조진혁

1~3. 〈무상〉(2013)

룬다. 불도와 세속의 선택에서 망설이던 스님이 하산을 결심한 듯 장삼을 벗어던지고 여인들 군무 속에 어울린다.

도박과 이권, 다툼이 끊이지 않는 속세의 모습은 검은 옷의 군상들, 주사위판과 돈 가방으로 그려지고 야한 의상의 남녀가 흥청거리며 춤추는 재즈 바는 정욕과 타락이 판치는 사회상이다. 재즈선율과 시끄러운 전자음, 팝 음악의 가사가 말해 주듯 믿을 수 없고(unreliable), 무책임하며(irresponsible), 불확실하고(unpredictable), 무방비적(undefensible) 세상에 스님도 함께 있다. 화면에 불규칙한 디지털 이미지가 어지럽게 명멸한다.

합장한 여인들이 나타나고 보살 춤이 스님에게 손짓한다. 환속을 결행했지만 속세에 적응할 수 없는 스님은 다시 산으로 돌아간다. 흰 장삼을 챙겨 입고 불전에서 그를 맞아 주는 보살과 함께 환희의 춤을 춘다. 주지스님이 등장한다. 불도를 버리고 욕심을 따라 산을 떠났다가 돌아온 젊은 스님을 포용할 것인가. 장삼이 벗겨지고 스님은 계단을 올라 법고를 두드린다. 찢겨진 법고와 장삼을 벗은 스님을 애처로워하는 관음보살의 춤이 삶의 무상이란 슬픈 메시지를 남겨 준다.

문화관광체육부의 2013년 창작산실지원사업에 선정된 네 작품 중 마지막으로 공연된 리발레단(이상만)의 〈무상〉(無常, 2013. 12. 26~27, 아르코대극장)이 전해 주는 스토리텔링이다. 텍스트가 단순하고 창의성이 약한 것, 춤이 정설웅(스님)에 집중되면서 보살 춤(지다영)이나 군무 등과의 밸런스를 잃은 것은 아쉬운 부분이다. 그러나 다양한 음악과 다채로운 의상, 감각적인 조명과 영상이 작품에 녹아들어 전체적으로 작품은 편안하고 여운이 있다.

대본과 안무를 맡고 직접 무대에도 오른(순경과 주지스님) 이상만이 작품

속에 자신의 삶을 투영하고 있기 때문일 것이다. 힘들게 투병 생활을 계속하고 있는 그는 첫날과 둘째 날 모두 의사의 만류를 뿌리치고 무대에 올랐다. 〈무상〉이 그의 마지막 작품이 될지도 모른다는 절실함이 그를 춤추게 하고 관객들의 마음을 떨리게 했을 것이다.

한양대를 졸업한 이상만은 22세 나이로 임성남 발레단에 입단한 후, 국립발레단 주역을 거쳐 일리노이내셔널발레(National Ballet Illinois)와 뉴욕발레단(New York Downtown Ballet Co.) 등에서 활약하다가 리발레단을 창단하고 1995년부터 한국에 정착했다. 〈메밀꽃 필 무렵〉(1997), 〈무녀도〉(1999), 〈아리랑〉(2001), 〈금시조〉(2004), 〈춘향〉(2006), 〈바람의 화원〉(2010) 등이 한국에 돌아온 후 만들어진 작품의 제목들이다. 향토색 짙은 한국적 소재를 찾아내고 토속적 정서에 서양적 발레 언어를 접목시키는 독특한 발레 세계를 구축해 온 그를 한류 발레의 원전이라고 부를 수 있을 것이다.

40년 넘도록 발레 한길만을 걸어온 66년의 역정에서 그가 발견한 진실은 결국 삶의 '무상(無常)'함이었을까. 독립무용단으로서의 힘겨운 살림을 감내하면서 귀국 후 한 해도 거르지 않고 무대에 작품을 올렸던 뜨거웠던 그의 발레 사랑이 추구한 것은 무대만이 줄 수 있는 뜨거운 자유, 그리고 그 자유로운 공간에서 마음껏 펼칠 수 있는 눈부신 선택 때문이었을까. 지난 10월, 〈무상〉을 안무하며 안무노트에 남긴 고독한 메시지가 기다란 여운으로 남는다.

–『서울문화투데이』

9. 2013 창작산실 발레 부문 공연 화려한 무대 / 문애령

2013년도 '창작산실' 발레 부문에 선정된 네 작품이 연달아 무대에 올랐다. "창작부터 유통까지 공연 제작의 전 과정을 경쟁을 통해 단계별로 지원하고 이를 통해 대표 공연 레퍼토리를 육성하고자 한다."는 지원 방식은 2008년 시작된 '창작 팩토리'로부터 시작되었다. 서류 심사나 사후 작품 심사보다 체계적인 지원 방식이다. 기존의 두 심사 방식과 함께 공연 준비 상황을 한 번 더 평가받음으로써 구성이 보다 치밀해질 것이고, 특히 실연 심사를 위한 출연자 확보 노력은 '창작산실'의 대표적 장점이다. 그러나 창작의 중심체인 안무자의 소양은 누가 지켜본다고 해서 크게 달라질 수 있는 능력이 아니므로 회를 거듭하며 성장하기를 바라는 마음으로 관찰하는 과정에 있다.

이번에 선정된 조윤라, 이원국, 문영철, 이상만은 발레계에서 가장 왕성하게 활동 중인 무용가들이라 무대를 어느 정도 예단할 수 있었다. '창작산실' 작품의 공통점은 우선 화려하다는 점이다. 무대장치나 조명, 영상, 의상 등 평소에 제작하기 어려웠던 고비용 장식을 장만할 수 있는 지원금 덕분일 것이다. 관객에게 슬픔을 전하는 가난한 무대 문제는 확실히 해결해 준 사업이다. (…)

이상만 발레단(26일~27일)의 〈무상〉은 '조신의 꿈'을 각색한 작품이다. 『삼국유사』 제3권 중 「낙산의 두 보살 관음, 정취와 조신」 편 끝의 내용이다. 스님 조신이 한 여자를 좋아했으나 시집을 가 버리자 관음보살을 원망하다 잠이 들었다. 꿈속에서 그 여인을 만나 아이를 다섯 낳고 50년을 살며 온갖 고생을 하고 결국 부인과 헤어져 꿈에서 깨니 수염과 머리가 하얗

1. 〈무상〉(2013) 임지영 · 김진석 · 박병일
2. 〈무상〉(2013) 정설웅 · 지다영

게 세었다. 이에 세속을 탐하던 마음을 버리고 절을 세웠다는 내용이다.

안무자 이상만이 대본을 쓴 〈무상〉은 내용이 많이 다르다. 도박장과 순경이 나오고 파계한 스님이 재즈 바에서 춤을 춘다. 물론 마지막 귀로는 불가를 향한다. 1948년생 이상만은 한국 발레를 대표하는 남성 무용가들 중 한 명이다. 1977년 미국 유학, 한국 남성 최초로 외국 직업발레단에 입

1~3. 〈무상〉(2013)

단한 경력자로 임성남, 김성일, 이상만으로 이어지는 계보에서 여전한 현역이다.

이상만 발레단은 1985년 창단 이후 지속적인 공연 활동을 통해 전공자들에게 무대를 주는 전문 커뮤니티 역할을 해 왔다. 이상만은 최근까지 여러 작품에서 주역을 맡았고, 이번에도 주지 스님으로 출연해 대단원을 장식했다. 프랑스의 한 노장이 끊임없이 무대에 출연한 영상을 보며 '역사가 깊다'는 부러운 생각이 들었는데, 이제 한국의 이상만을 그에 견줄 수 있게 되었다.

–『춤웹진』 2014. 1.

6장

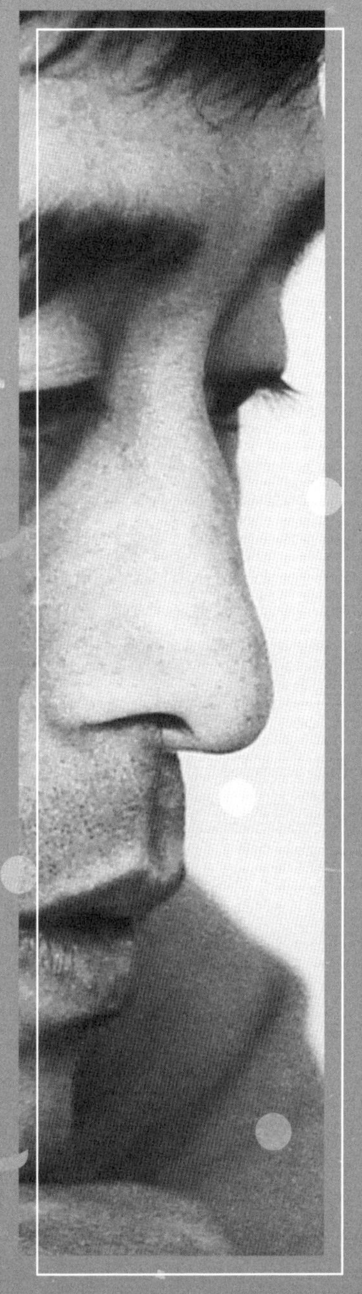

이상만의 유산

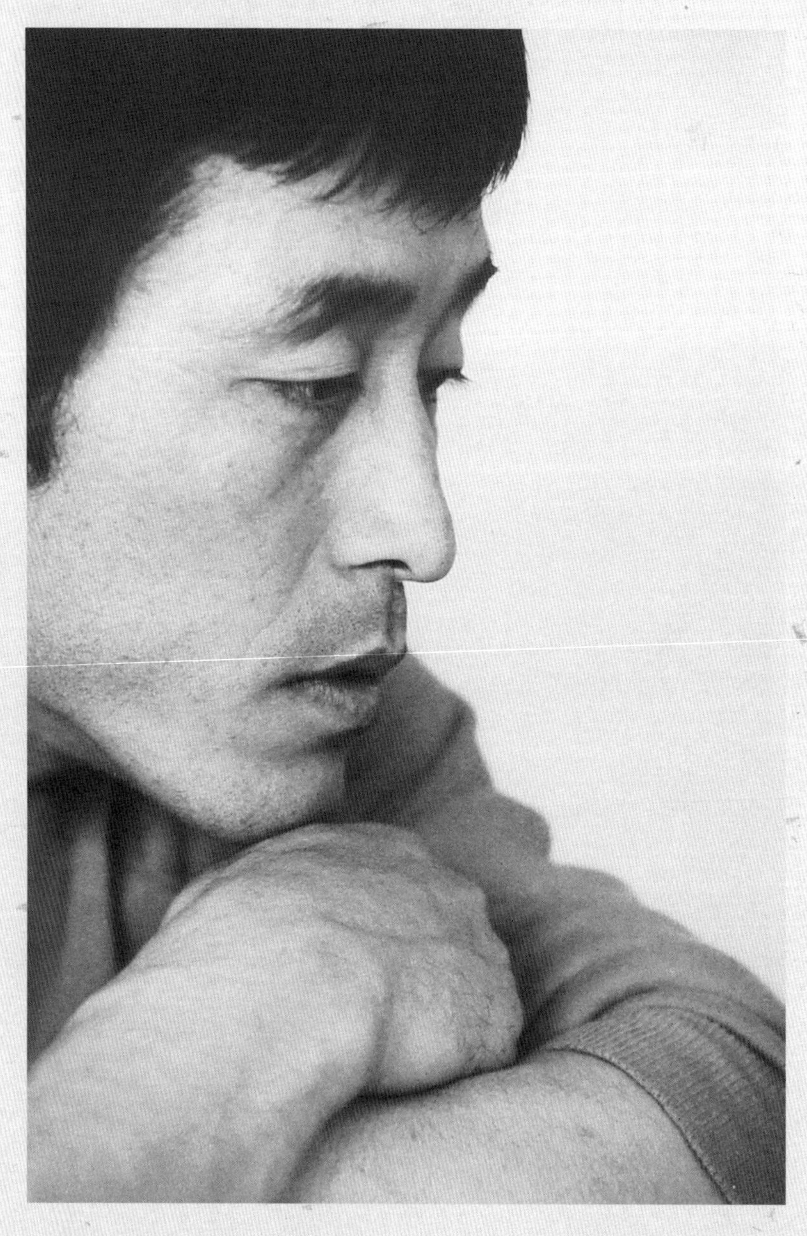

1. 작품 설명 120)

1) 〈메밀꽃 필 무렵〉

■ 전막 / 한국문학집 – 이효섭 원작 창작 초연

■ 창작초연 : 1997. 12. 13.~14 / 장소 : 문예회관 대극장

■ 주최 : 리발레단 / 후원 : 리발레단

■ 안무 및 대본 : 이상만 / 음악 편집 : 이상만

■ 의상 및 소품 : 이상만 / 조명 : 정진덕, 강경열

■ 작품 설명 : 이효석의 소설을 바탕으로 한국 근대사의 소재를 발레극으로 표현한 작품으로 전2막으로 구성되어 있다.

■ 내용 : 허생원은 언제나 봉평장을 무대로 명주를 팔고 다니는 장돌뱅이이다. 봉평장을 떠나지 못했던 이유는 젊어서의 단 한 번 물레방앗간에서의 성서방네 처녀와 관계를 맺은 인연으로 평생을 장가 한번 가 보지 못한 신세로 동행자인 조선달과 애지중지 아끼는 당나귀가 그의 가족인 셈이다. 어느 날 우연히 장터 술집에서 만난 젊은 청년 동이는 허생원과 함께 장사를 따라다니다가 어렴풋이 이끌리는 동이의 이야기 속에 아버지가 없다는 점, 봉평에서 어머니가 이름 모를 아버지의 아이를 가진 채 봉평을 떠나 자취를 감춘 점, 왼손잡이인 점에서 허생원은 점점 마음이 조급한 채 마음속으로 자기의 아들임을 확신하며 오랫동안 동행자였던 조선달과 이별을 하고 동이를 따라 제천장으로 성급한 발걸음을 재촉한다. 오늘따라 왜 이리 발걸음이 신이 나고 가벼운지….

---

120) 이상만 홈페이지 참조

2) 〈무녀도〉

■ 전막 / 원작 : 김동리

■ 창작초연 : 1999. 12. 5. / 장소 : 리틀엔젤스

■ 예술회관주최 : 리발레단 / 후원 : 한국문화예술진흥원

■ 안무 및 대본 : 이상만 / 음악 편집 : 이상만

■ 의상 및 소품 : 이상만 / 조명 : 김송근

■ 작품 설명 : 김동리의 소설 무녀도를 원작으로 한 작품으로, 음악과 춤사위를 한국적 소재로 발췌하여 세계무대에 올릴 수 있는 요소를 갖춘 안무로 준비한 작품.

■ 내용 : 굿을 잘하고 영감이 뛰어난 모화에게는 성이 다른 아들 욱이와 딸 낭이인 남매가 있다. 욱이는 어릴 적부터 총명하여 신동이란 소문까지 났으나 근본이 워낙 미천하여 절로 보내어진다. 딸 낭이는 열병으로 청각을 잃은 탓에 집에서 그림만을 그리는 일과를 보낸다. 어느 날 세월이 흘러 욱이는 불교가 아닌 예수교를 믿는 신자가 되어 돌아와 모화와의 심각한 종교 갈등을 겪게 되어 모화는 욱이의 성경책을 불에 태운다. 그것을 만류하는 욱이는 객귀를 물리치는 어머니의 칼에 의해 죽게 된다. 그 후에 오랫동안 굿을 하지 않던 모화는 마지막 굿을 하며 그로 인하여 낭이의 입을 열게 될 것이라는 사람들의 기대에 모화는 점점 굿과 함께 물속으로 잠겨 간다. 어머니를 잃고 누워 있던 낭이는 아버지가 돌아오자 처음으로 입을 연다. 정처 없이 떠도는 부녀는 어느 부잣집에 달포 동안이나 머물며 주인의 권유로 낭이의 그림 솜씨를 보여 주게 된다. 낭이가 남기고 간 그림을 할아버지께서는 '무녀도'라 불렀다. 마지막 굿을 통해 그녀가 빠져들어 가는 늪은 패배의 장소에서 승리의 장소로 역전시키고 비장미가

곁들인 완성된 그림 속의 무녀의 춤으로 결정된다.

3) 〈아리랑〉

■ 전막

■ 창작초연 : 2001. 12. 14.~15. / 장소 : 국립극장 해오름극장

■ 주최 : 리발레단 / 후원 : 서울시 무대 지원작

■ 안무 및 대본 : 이상만 / 음악 편집: 이상만

■ 의상 및 소품 : 릴리리 / 조명 : 박종수 / 무대장치 :이상만

■ 작품 설명 : 민족의 노래 '아리랑'은 민족사와 함께한 역사의 노래임과 동시에 사랑과 계층을 초월한 민족의 노래이며 우리 민족이 근대사에서 겪은 몸부림에서 나온 절규라 할 수 있다. 급변하는 사회 속에서 우리는 많은 것들을 무심히 지나치고 있다. 우리 조상들의 생활사가 그대로 녹아 있는 아리랑을 좀 더 널리 보급하고자 웨일즈의 소설과 나운규의 '아리랑'을 바탕으로 민요 아리랑 음악에 맞춰 애절함을 발레로 표현하였다. 아리랑이 우리에게 주는 감정과 한을 발레로 표현하여 한국적 정서를 발레 작품화하는 양식을 보여 주고자 한다. 섬세한 발레 동작과 관객을 압도하는 대형 진행으로 창작 발레의 수준을 높이고자 한다. 평화스럽기만 했던 한가한 농가에 일제 탄압의 영향이 미치게 되면서 마을 사람들이 대항하며 싸워 나가는 과정을 아리랑고개의 일화를 통해서 표현하였다. 이 작품은 전체 2막 3장으로 이루어져 있다.

■ 내용 : 한가로운 시골 마을에 일제 탄압의 영향이 미치게 되면서 마을 사람들이 일제에 대항하여 나가는 과정을 아리랑고개의 일화와 노래를 통하여 전개된다. 만수와 순이는 사랑하는 시골 처녀총각으로서 어느 날

일제의 대항에 의해 만수는 끌려가게 된다. 그를 구하려다 일본 순사 야마모도에 의해 변을 당한 순이. 그로 인해 마을 사람들이 독립운동을 하게 되고 만수는 일본 순사에 의해 잡혀 아리랑고개로 끌려가 처형을 당한다. 구슬픈 만수의 상여는 애절한 순이의 통곡으로 멀리멀리 메아리친다.

■ 안무 및 출연(재안무) : 이상만

4) 〈금시조〉

■ 전막 / 원작 : 이문열

■ 창작초연 : 2004, 2. 28~29 / 장소 : 리틀엔젤스 예술회관

■ 주최 : 리발레 / 후원 : 서울시 무대작

■ 안무 및 대본 : 이상만 / 음악 편집 : 이상만

■ 의상 및 소품 : 릴리리 / 조명 : 김승현 / 무대장치 : 이상만

■ 작품 설명 : 이황의 학통을 이어받은 영남 고유의 후예 '석담'과 그의 제자 '고죽' 사이의 애증과 갈등을 통하여 예술이란 무엇인가를 다룬 작품으로, 제15회 동인문학상 수상작품으로 소설가 이문열이 쓴 예술가 소설 계열에 속하는 작품 중 대표작을 발레화한 것이다.

■ 내용 : 부모 없이 자란 고죽은 숙부의 손에 끌려 그의 친구인 서예가 석담 선생에게 맡긴다. 석담에게 맡겨진 고죽은 스승인 석삼의 냉대함 속에 그를 문하로 거두지 않는다. 스승의 집안을 꾸려 가며 스승 몰래 글을 훔쳐 배우다 혼쭐이 나곤 한다. 석담 선생은 질투에서였는지 천부의 소질을 타고난 고죽에게 붓자락을 잡지도 못하게 한다. 그의 재능을 아껴 온 석담의 친구인 운곡 선생의 간청으로 겨우 고죽은 석담 문하에 정식으로 이름을 얹어 사제관계를 맺지만 그는 스승과의 갈등에 더 배울 것이 없다

는 자만으로 스승을 떠나 가정도 버린 채 쉽게 글을 팔아 쾌락의 길로 타락에 빠진다. 그러던 어느 날 법당에서 스승이 항시 쓰시던 금시조가 그 거대한 금빛 날개를 퍼덕이며 구만 리 청천을 선회하다 한 마리 용을 잡아 올리는 광경을 본 듯한 착각이 들며 자기의 글씨에 일생에 단 한 번만이라도 그런 광경을 보면 그것으로 그의 삶은 충분히 성취된 것이라던 금시조의 벽화를 본 후, 그는 스승에게로 달려갔지만 스승은 바로 그날 운명했다. 스승은 그의 제자 고죽에게 관상명정을 쓰라고 유언을 남겼다. 석담이 고죽의 글을 저세상에 가져가겠다는 뜻이며 그가 얼마나 고죽을 사랑했는지를 알 수 있다. 그는 오열하며 붓을 써 내려갔다. 그 후 그는 죽음을 앞두고 그의 작품을 다시 수소문하여 거두어들여 분류한 뒤 모두 불에 태운다. 그는 불 속에서 금시조의 환영을 보는 것은 스승 석담의 뜻에 동조하는 것이 아니라 일생 동안 그를 끌고 간 미적 충동의 총결산인 자신의 작품을 자기 손으로 불태운 고죽의 행위야말로 가장 예술지상주의자다운 행위이다.

5) 〈황토길〉

■ 전막 / 한국문학전집 – 한하운 시인의 생애

■ 창작초연 : 2007. 5. 26~27 / 장소 : 나루아트 센터

■ 주최 : 리발레 / 후원 : 한국문화예술진흥원

■ 안무 및 대본 : 이상만 / 음악 편집: 이상만

■ 의상 및 소품 : 릴리리 / 조명 : 신호

■ 내용 : 별을 닮은 네 눈이 위태롭다 하시던 문둥이 아들을 치마폭으로 감싸 주느라 10년을 뜨거운 사랑으로 노심초사하던 그의 위대한 어머

니가 돌아가신 후, 병을 고치기 위해 소록도를 향하여 남하 중 서울에서부터 그는 거지 생활로 전락한다. 함경도 함주에서 소록도를 찾아가는 나병환자의 삶과 희망을 포기하고 살아가는 유랑의 절망적 삶 속에서『신천지』4월호에「전라도길」을 발표하면서 문단에 오른다. 나병의 병고에서 오는 저주와 비통을 온몸으로 껴안고 살다 간 천형의 시인, 그는 고아원을 비롯하여 구라사업(救癩事業)의 일선에서 창조의 업적을 남긴 용감한 선구자이기도 하였다. 한하운의 삶을 한 사람의 시인으로서뿐만 아니라 존엄한 인간으로서도 누구보다 빛나고 값있는 그의 생애를 발레화한다.

6) 〈춘향〉

■ 전막 / 원작 : 미상

■ 창작초연 : 2008. 6. 13.~14 / 장소 : 서강대학교 메리홀

■ 주최 : 리발레단

■ 안무 : 이상만 / 음악 편집 : 이상만

■ 의상 및 소품: 릴리리 / 조명 : 류백희 / 장치 : 이상만

■ 내용 : 남원부사(南原府使)의 아들 이몽룡과 퇴기(退妓) 월매(月梅)의 외동딸 춘향이 서로 사랑에 빠졌을 때 이몽룡의 아버지가 서울로 옮기게 되어 두 사람은 이별의 쓰라림을 맛보게 된다. 이때 새로 부임한 남원부사 변학도(卞學道)는 수청을 들지 않는다는 이유로 춘향을 옥에 가두고 고초를 받게 하여 사경(死境)에 빠뜨린다. 서울로 간 이몽룡은 과거에 급제하여 암행어사가 되어 내려온다. 부사의 생일 잔칫날 각 읍의 수령들이 모인 자리에서 통쾌하게 어사출또를 하여 부사를 파직시키고 춘향을 구해 내어 백년을 해로한다는 이야기. 마지막 부분에 방자와 향단이의 혼례를 올림

으로 화창한 날을 맞이한다.

■ 안무 및 출연(창작초연) : 이상만

7) 〈바람의 화원〉

■ 예술감독, 안무 및 연출 : 이상만

■ 조명디자인 : 정진덕 / 무대감독 : 송영견

■ 의상, 소품, 장치 : 이상만 / 의상 : 릴리리

■ 음악 편집 : 이상만 / 음악 녹음 : 한철

■ 녹음실 영상 : 지화충 / 프로그램 : 송인호 / 사진 : 윤명훈

■ 작품 설명 : 1985년 창단 후 대중성보다는 우리 문화의 전통을 살리기 위해 개인발레단으로서 대작의 한계성을 뛰어넘는 공연을 시도해 온 LEE발레단(예술감독 이상만)이 신작 〈바람의 화원〉을 무대에 올린다. 〈바람의 화원〉은 동서양의 결합으로 새롭게 빚어진 클래식발레의 이념의 벽을 뛰어넘는 순수 한국 창작 발레로 김홍도와 신윤복이 발레 공연으로 태어난다. 그림에 대한 천부적인 재능을 가졌으나 자신의 의지대로 살 수 없었던 신윤복, 최고의 화원이었으나 제자인 윤복과의 만남으로 흔들리는 김홍도, 부친인 사도세자의 억울한 죽음을 당한 비밀을 밝히려는 슬픔을 간직한 젊은 왕 정조, 자신의 영달을 위해 무슨 일이든 서슴지 않는 시전행수 김조년, 이루어질 수 없는 사랑을 껴안고 사는 기생 정향이 등장한다. 왕실과 조정을 둘러싼 고위층의 음모와 두화가의 그림으로 인해 숨겨진 비밀을 찾아낸다. 삶과 예술을 그린 실존의 내용과 다른 삶의 부분은 있으나 고전적 아름다움을 모두 갖춘 발레 무대로 2시간에 걸쳐 그 시대를 재조명하였다. 대중과 가까운 가장 한국적인 문화상품으로 기대한다.

8) 〈김삿갓〉

■ 전막 (1시간 40분)

■ 일자 : 2011. 6. 17.~18. 7시 30분 / 장소 : 서강대 메리홀

■ 예술감독, 안무 및 연출 :이상만

■ 조명디자인 : 류백희 / 의상, 소품, 장치 : 릴리리, 이상만

■ 음악편집 : 이상만 / 음악녹음 : 한철 녹음실

■ 프로그램디자인 : Designpopcorm / 영상 : 지화충

■ 음악 : '한오백년', '아리랑' 민요

■ 후원 : 서울 문화재단

■ 작품 설명 : 김삿갓은 개화 초기의 시대적인 희생자인 동시에, 한평생을 서민 속에서 서민들과 함께 웃고, 서민들과 함께 울며 살아온 서민 생활의 거룩한 고행자였었다. 그는 1천여 편의 시를 쓴 것으로 추정하지만 현재까지 찾아낸 시는 456편이다. 부정과 불의에 부딪치면 해학은 풍자와 조소의 칼이 되고, 절경과 가인을 만나면 서정은 술이 되고 노래가 된다. 또한 인생을 살필 때는 눈물이 되고 한숨이 되지만, 사물들을 앞에 두었을 때는 햇살이 되고 바람이 된다. 모든 희망을 버리고 전국을 유랑걸식하며 언문시, 국한문혼용시, 해학시, 고풍과시에 이르기까지 많은 명시를 지었으며 특히 풍자, 해학 시는 전무후무한 절세의 것을 남겼고 공령시(고풍과시)는 후세 과거 지망자들의 교과서로 쓰일 뿐 아니라 특히 평민들의 생활상을 시로 읊어 빛나는 서민문학(庶民文學)을 남겼다. 그는 해학 시뿐만 아니라 한시의 정통 규범을 파괴하는 파격시의 세계를 형상화한 민중 시인으로 이름이 높다. 우수, 해학 그리움 가득 담긴 보따리 걸머지고 산천을 주유(周遊)했던 김삿갓, 우리는 그가 걸었던 길 위에 남기고 간 위

대한 유산, 그 방랑기 속의 인생이 무엇인지를 담았다. 1830년부터 하늘을 지붕 삼고 벌판을 침대 삼아 삼천리를 방랑했던 그가 걸어온 팔도유람의 발자취를 각 지역의 아름다운 우리의 민속음악을 배경으로 발레화함으로써 한, 흥, 정을 그의 시에 담아 그의 업적과 한국 민요를 소재로 한 음악을 창작 발레로 만들어 한국의 문화를 알리고자 한다. 리발레단의 트레이드마크인 한국의 전통문화를 소재로 한 신작 〈김삿갓〉은 '아리랑' 음악과 민속음악을 전제로 김삿갓의 애환과 한국의 멋을 담은 아름다운 대서사시의 발레이다.

9) 〈무상(無常)〉

■ 안무 및 출연(창작초연) : 이상만

■ PROGRAM : 1. AMERICAN 2. 백조사냥 3. 밀양아리랑 III

■ 공연일자 : 2000. 11. 25. / 장소 : 리틀엔젤스 예술회관

■ 주최 : 리발레단 / 후원 : 한국문화예술진흥원

■ 출연 : 이득효, 김종훈, 이상만, 이정숙, 박경희, 조미경, 김정은, 김문선, 김현주, 심선미, 배진희, 서주현, 오성민, 김수현, 한숙경, 이가영, 문지현, 김진숙

■ 작품 설명 : 〈무상(無常)〉은 조신의 꿈에서 영향을 받아 3단계 구성을 응용하여 만들었다. 구체적으로 살펴보면 '배경 제시 – 문제 제시 – 소망 달성 – 고통의 삶 – 이별 – 각성 – 귀의'로 분석해 나가 본다. 승려가 불당에서 가는 관음보살의 길을 떠나 속세에서 새로운 삶이 시작되지만 자신이 타락해 가고 있는 인간의 삶이 물거품 같이 허무함을 느낀다. 다시는 인세에 뜻을 두지 않고 관음보살의 부름에 불도에 길로 들어간다는 내

용이다. 클래식 음악으로 브람스(Johannes Brahms)의 곡을 사용하였으며 2장은 재즈, 팝, 일렉트로닉의 다양한 음악을 사용하여 움직임에 폭을 넓힘으로써 동양의 이야기와 서양음악의 조화로 관객에게 색다른 느낌을 줄 수 있도록 만들었다.

2. 리(Lee)발레단의 취지와 연혁

리(Lee)발레단은 1985년 창단(서울 국립극장 대극장) 공연을 시발점으로 매년 한국 창작 발레를 국내에서는 물론 해외에 소개하는 목적으로 정기 공연을 해 오고 있다.

한국의 전통을 주제로 삼아 공연하는 리(Lee)발레단은 학교의 교수단체를 제외한 가장 오랜 전통을 갖고 있는 개인발레단으로 창단된 이래 국내에서는 가장 많은 한국 창작 발레 레퍼토리를 보유하고 있으며 그동안 순수 스토리 위주의 대작 공연으로 〈메밀꽃 필 무렵〉, 〈무녀도〉, 〈아리랑〉, 〈금시조〉, 〈황토길〉, 〈춘향〉, 〈바람의 화원〉, 〈김삿갓〉을 비롯하여 컨템퍼러리 작품 〈오셀로(Othello)〉, 〈신사와 숙녀〉, 〈아메리칸(American)〉, 〈카르멘(Carmen)〉 등과 같은 다양한 창작 발레 공연을 해 오고 있는 발레단이다.

창단 후 1986년 미국 데뷔 공연과 더불어 N.Y. Graphic communication Art. N.Y. Pace University, France Florence Gould Hall, LA Guardia Performing Art. 영국 리버풀 세계축제공연(Philharmonic Concert Hall) 참가, 뉴저지 Bergen Performing Arts Center극장 등 해외 공연을 비롯하여 국

리발레단 단원 임지영 · 박경하 · 김수진 · 최송이 · 김지은 · 김재은

1. 리발레단 단원 전혜원 · 김지윤 · 김지은 외
2. 리발레단 단원 이은아 · 조향미 · 김지은 · 지다영

내에서 매해 창작 활동에 주력해 왔다.

리(Lee)발레단은 머리 움직임의 기교 작품도 중요하지만 오랜 시간을 통하여 미래의 참세상을 지향하며 방향을 제시할 수 있는, 감상하므로 가슴 속에서 만들어지는 실험으로 인한 예술 창조를 목적으로 관객에게 감동을 줄 수 있는 작품만을 엄선해 오고 있으며, 무엇보다도 우리 문화의 정체성을 살려 작품을 제작하여 세계화하는 데 중점을 두고 있다. 절제되지 않는 현실의 자유를 떠나 정화되고자 하는 단 한 번의 무대의 자유로 인해 예술을 통하여 밝은 세상을 실현시키고자 노력하는 예술단체이다.[121]

121) 리(Lee)발레단 홈페이지 참조

리(Lee)발레단 연혁

1985. 6. 22.	제1회 LEE발레 (창단공연) / 국립극장 대극장 창작초연 및 재안무 : PAQUITA(한국초연), 집시의 노래, 그리그 피스
1986. 12. 13.~14.	제2회 LEE발레(미국 데뷔공연) / N.Y. Fashion Industries Auditorium 창작초연 : The Wedding Night(신방), Piccicato Polka, 아픔, 낙엽들은
1987. 6. 27.	LEE Ballet School(창작소품집)/ Woodside J, H, 125 안무 창작초연 : 1. AnnenPolka. 2. Emperor F, J, March. 3. Persian March. 4. Voiceof Spring
1987. 12. 12.~13.	제3회 LEE발레 정기공연 / N.Y. Pace University, Schimmel Center for the Art 창작초연 및 재안무 : 1. The Wedding Night(신방) 2. 낙엽들은 3. The field trip(소풍) 4. Rice Paddy(논두렁)
1988. 6. 25	LEE Ballet School(창작소품집) / N.Y. Woodside .J.H.S.125창작, 재안무 : 1. Vinnna Wood 2. Coppelia(Act.III)
1988. 12. 9.~10.	제4회 LEE발레 정기공연 / N.Y. Pace University, Schimmel Center for the Art 창작초연 및 재안무 : 1. Sonata 2. PAS DE DEUX 3. The field trip 4. HARP
1989. 6. 17.	LEE Ballet School(소품집) / 재안무 N.Y. Woodside J.H.S.125 1. Ladies In the Park 2. Sleeping Beauty 3. Emperor March. 4. Radetzky March. 5. The Nutcracker 6. Swan Lake'
1989. 12. 1.~3.	제5회 LEE발레 정기공연 / N.Y. H. S. of Graphic Communication Arts 창작초연 : 1. Sonata. 2. 파계승, 3. HARP
1991. 6. 19.	LEE Ballet School(소품축제) / N.Y. Sunnyside P.S.150Classical 모음집(재안무) : 1. Neopolitan Dance. Bluebird. Swan Lake(Act,II)
1992. 6. 26.	제6회 LEE발레 정기공연 / N.Y. Florence Gluld Hall, at the French Institute창작초연 : 1. Serenade 2. Carmen(전막)
1993. 6. 25.	LEE Ballet School(소품축제) N.Y. Woodside J.H.S.125 창작재안무 : Johann Strauss의 밤
1994. 6. 29.	제7회 LEE발레 정기공연 N.Y. LaGuardia Community College 창작초연 및 재안무 : 1. Elegie 2. Married Couple 3. Serenade 4. Incense

1994. 8. 17.~18.	제8회 LEE발레 정기공연문예회관 대극장창작초연 및 재안무(서울) : 1. Elegie 2. Couple 3. Incense 4. Carmen
1995. 6.	LEE Ballet School(소품축제). Woodside Dance Center창작 재안무 : Johann Strauss 의밤
1996. 5. 1.	LEE 발레단 역삼동사무실 설립
1996. 5.	LEE발레(인천 예술제 참가) / 인천 야외공연재안무 : Giselle(Pas de deux)
1997. 12. 13.~14.	LEE발레(서울무용제 참가) 문예회관 대극장창작초연 안무 : 메밀꽃 필 무렵(단막) 한국문학집(이효섭 원작)
1997. 12. 13.~14.	제9회 LEE발레 정기공연 / 문예회관 대극장/한국문화예술진흥원창작초연 안무 : 메밀꽃 필 무렵(전막) (한국문학집 -이효섭 원작)
1998. 5. 9.	LEE발레 복사골 예술제 참가 / 부천 시민회관창작초연 안무 : Fancy Lady(Waltz 초연)
1998. 7. 19.~20.	제10회 LEE 발레 정기공연 / 문예회관 대극장 / 한국문화예술진흥원창작초연 안무 : 1. IMF 2. 밀양아리랑 3. Giselle(Pas de deux) 4. Fancy Lady
1998. 10.	LEE발레 성남 예술제 참가 / 성남 분당공원창작초연 및 재안무 : Fancy Lady
1999. 5. 13.	LEE발레 세종 문화회관(야외무대축제) / 세종문화회관 분수대축제창작초연, Classical Ballet 재안무 및 출연 : Classical Ballet모음집, 밀양아리랑II
1999. 10. 29.	LEE발레 남양주시 초청공연 / 남양주 시민회관창작 재안무 및 출연 : 메밀꽃 필 무렵
1999. 12. 5.	제11회 LEE 발레 정기공연 / 리틀엔젤스 예술회관 / 한국문화예술진흥원창작초연 안무 : 무녀도(전막)
2000. 6. 1.	제12회 LEE발레 앙코르공연 / 국립극장 대극장창작재안무 : 무녀도(전막)
2000. 11. 25.	제13회 LEE발레 정기공연 / 리틀엔젤스 예술회관 / 한국문화예술진흥원창작초연 안무 : 1. AMERICAN 2. 밀양아리랑 III 3. 백조사냥
2000. 12. 9.	LEE발레 불우청소년 돕기, 중견무용인 지역순회 공연 / 의정부 시민회관창작재안무 : 밀양아리랑
2001. 4. 13.~14.	제14회 LEE발레 정기공연 / 예술의 전당 토월극장 / 한국문화예술진흥원창작재안무 : 무녀도(전막)

2001. 10. 23.	LEE발레 농어민을 위한 중견무용인 지방순회공연 / 예천문화회관창작재안무 : 봄나들이
2001. 12. 14.~15.	제15회 LEE발레 정기공연 /국립극장 해오름극장(서울시 무대지원작)창작초연 안무 : 아리랑(전막)
2002. 11. 19.	LEE발레 크리스천 댄스 페스티벌 / 서울교육문화회관초연 안무 : Under Light(예수/단막)
2003. 1. 11.~12.	LEE발레춤은 하나로 / 문예진흥원 예술극장대극장창작재안무 : Under Light(예수/단막)
2003. 9. 17.~18.	제16회 LEE발레 정기공연 / 리틀엔젤스 예술회관 / 한국문화예술진흥원창작초연, 안무 : 아리랑(전막)
2003. 11. 25.	LEE발레 지방공연 / 순천 문화예술회관 대극장 / 창작재안무 : 아리랑(전막)
2003. 10.	LEE발레 한국발레협회주최(발레와 연극의 만남) / 국립극장 해오름극장창작초연, 안무 : 오델로(단막)
2004. 2. 28.~29.	제17회 LEE발레 정기공연 / 리틀엔젤스 예술회관 / 서울시무대지원작창작초연, 안무 : 금시조(전막)
2004. 5. 28.	LEE발레 시각장애인 예술체험 / 수원 미술 전시회관오프닝퍼포먼스 / 창작재안무 : 불 춤
2004. 7. 10.~8. 1.	LEE발레 해외공연(영국, Liver Pool) 세계축제 공연초청Philharmonic Concert Hall 창작재안무 :금시조
2004. 10.	LEE발레 지역순회공연 / 강원도 양구 문화복지센터 시민회관창작재안무 : 금시조

3. 무대세트 · 의상 · 미술작품

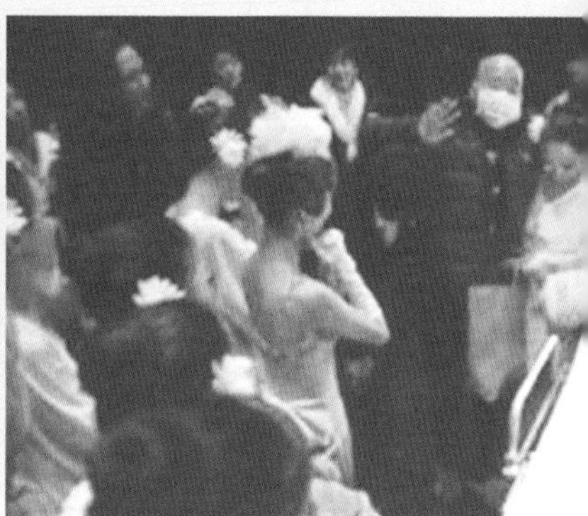

LEE SM
LEE SM
LEE SM

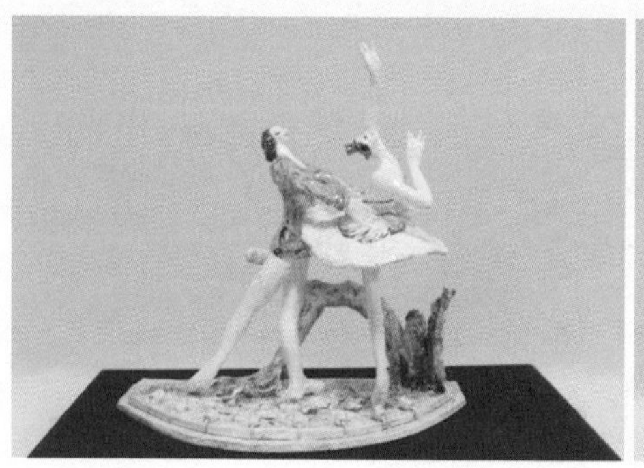

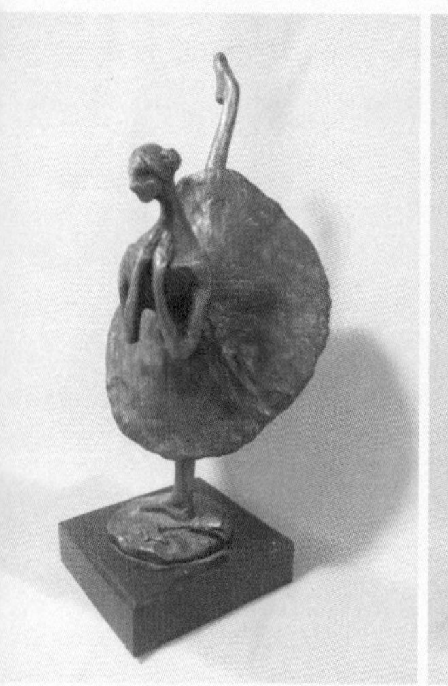

7장

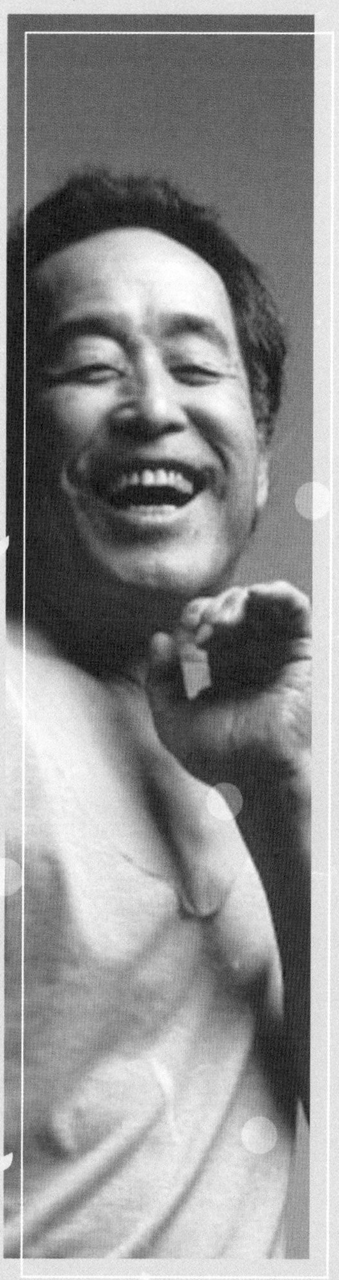

책을 마치며

올해 2월 개최되어 성공적으로 막을 내린 평창올림픽의 한 순간이 떠오른다. 국가대표로 빙판 위에 섰던 민유라와 겜린. 이들이 선보인 〈아리랑〉은 강릉 아이스 아레나 곳곳을 감동과 전율로 가득 채웠다. 우리 민족의 한과 고유의 정서가 서려 있는 아리랑의 선율이 많은 사람들의 심금을 울렸다. 아리랑은 우리 모두에게 흥겹고도 서글픈 처절한 슬픔과 벅찬 감동을 동시에 느끼게 만든다. 이 때문에 아리랑 그 자체가 우리 민족을 상징한다고 볼 수 있을 것이다.

누구보다 우리의 것을 사랑했던 이상만은 생활고에 시달리면서도 한국 고유의 소재와 형식을 빌려 한국 발레를 만들어 가는 일에 집중했다. 그는 "예술가는 돈 생각하면 예술을 할 수 없다."고 말해 왔고 "춤을 추기만 하는 것보다 창작을 해야 한다."고도 자주 언급했다. 힘든 상황에서도 본인의 소신을 지키며 얼마나 우리의 춤을 사랑했는지 느껴지는 말이다.

이상만은 서구의 발레 시스템을 한국적 움직임으로 안착시키고자 노력했다. 암으로 투병을 하는 와중에도 쉬지 않고 지속적으로 춤을 창작하고자 애썼다. 그는 남의 것 말고 우리의 것을 만드는 데 집중했다. 며칠을 더 사는 것보다 내일 모레 죽는다고 해도 우리의 무용을 해야 한다는 것이 그의 철학이었다. 이상만은 "남의 것은 아무리 해도 우리의 것이 될 수 없다."고 주변에 힘주어 피력하기도 했다.

유능한 춤꾼과 안무가를 배출하는 것만큼이나 중요한 것은 우리만의 레퍼토리를 확보하는 것이다. 바로 그 자체가 한국 발레의 역사가 될 수 있기 때문이다. 하나의 예로 프랑스의 파리오페라발레단을 들 수 있다. 이 발레단은 창단 이래 350년이라는 긴 시간 동안 그들만의 역사를 유지해 오고 있다. 현재 파리오페라발레단에서 수석무용수로 활동하고 있는 박세은은 그녀가 처음으로 주역을 맡은 〈라 수르스〉도 입단 초기에 올린 뒤 5년 만에 다시 무대에 올랐다고 말한 바 있다.

그에 비해 신생 발레단이라고 볼 수 있는 네덜란드 국립발레단(Het Nationale Ballet)은 1961년에 암스테르담 발레단과 네덜란드 발레단의 합병으로 생겨났다. 네덜란드 국립발레단의 최영규는 2017년 9월 상임 안무가인 한스 반 마넨(Hans Van Manen) 헌정공연에 출연했다. 그의 85세 생일을 축하하는 동시에 지금까지 왕성한 활동을 하고 있는 '마스터'에 대한 경의를 표하는 의미로 그의 대표작을 무대에 올렸다.

네덜란드 국립발레단이 생긴 해인 1961년 이듬해 우리나라에도 국립발레단이 창단되었다. 창립연도는 1년밖에 차이 나지 않지만 실질적으로 두 발레단의 레퍼토리를 비교해 보면 엄청난 차이가 있음을 실감할 수 있다. 발레가 발전할 만한 토양이 채 다져지지 않은 우리나라의 상황을 감안하더라도 말이다.[122] 네덜란드 국립발레단이 독자적인 레퍼토리를 구축한 배경으로는 한스 반 마넨(1932~)을 빼놓을 수 없다. 그는 2000년 11월 에라스무스 재단(the Praemium Erasmianum Foundation)이 문화와 사회에 기여한 공로를 인정하여 수여하는 에라스무스상(The Erasmus Prize)을 받으며 이러한 말을 한 바 있다.

> *"우리는 무엇을 해야 합니까? 우선 첫째로, 저 자신의 양심을 직시할 때, 레퍼토리를 영구화시키는 노력이 필요하다고 생각합니다. 레퍼토리 없이는 전통도 없습니다. (…) 전통은 오늘날 우리가 과거와 함*

---

122) 「공연과 리뷰」 2018년 여름호

이상만

께하는 것입니다. 미래는 과거의 좋은 것을 발견하고 그 위에 그 좋은 것들을 세우는 것입니다.(…)”

우리도 우리만의 고유성을 살린 한국 발레를 보유하고 있다. 현재 레퍼토리화된 것으로는 유니버설발레단의 〈심청〉, 〈춘향〉과 국립발레단의 〈왕자호동〉이 있다. 하지만 안타깝게도 그 수가 매우 적다. 물론 서구에서 유입된 낯선 발레라는 문화를 받아들이고 발전시키는 데는 우리만의 ‘속도’가 필요했을 것이다.

현재 한국 발레는 세계 곳곳에서 인정받고 있고, 세계적 발레단인 영국의 로열발레단과 프랑스의 파리오페라발레단, 미국의 아메리칸발레시어터, 러시아의 마린스키발레단을 포함하여 각국을 대표하는 발레단의 주역으로 한국인이 대거 활약하고 있다. 실력 좋은 춤꾼이 넘쳐나니 비록 후발주자이지만 조급해할 필요는 없어 보인다. 하지만 ‘한 나라를 대표하는, 그 나라의 고유한 특성이 담긴 레퍼토리를 확보하고 있느냐?’라는 물음에는 답변하기 쉽지 않다.

이상만, 그는 자신의 전 생애를 통틀어 매 순간마다 한국적 발레를 만들기 위한 노력을 아끼지 않은 선구자이다. 우리는 이제 전문 춤꾼을 성장시키려는 노력 외에도, 그의 헌신이 헛되지 않도록 우리의 발레를 만들어 내는 데 주력해야 할 것이다. 이것은 우리에게 주어진 문제이자 반드시 해결해야 할 숙제라는 것을 잊지 말아야 한다.

부록

1. 이상만의 발자취

1) 한국에서 산다는 것 / 이상만

한국에서 살면서 한국인의 정취를 가장 많이 느끼며 산다는 것은 나에겐 가장 행복한 일이다.

외국에서 들어온 발레로 인하여 어린 나이부터 트레이닝에 의해 몸의 체형이 어느 정도 바뀌겠지만 얼굴과 내면의 마음은 외국인이 될 수는 없을 것이다. 시대가 '세계화 속으로'라고는 하지만 한국에서 살아가면서 자연스럽지 않은 외국인의 흉내를 내며 세계화에 가까워지려는 모방은 멋스러울 수 있지만 껍데기일 뿐이다. 내가 내 나라에서 내 얼굴로 나의 정신을 표현하는 것처럼 편안한 것은 없는 것 같다. 그동안 여러 작품을 한국의 소재로 안무를 창작해 왔지만 작품에 어려움에 부딪치게 되는 경향이 있음은 발레는 서양인들의 틀에 맞게 해석해야 되는 부분이기 때문이다. 이제는 우리의 것을 세계화 속으로 가야 하지 않나 싶다.

한국 창작품을 만들 때마다 얼마만큼 발레로서 멋스럽게 만들까보다는 얼마만큼 발레로서의 한국적인 멋을 낼 수 있을까를 항상 고민해 왔다. 한국에서 오래 살게 되면 사람들은 새로운 외국의 문화에 더 관심을 대부분 갖게 되는 면이 있고 우리 문화에 앞장서는 예술인들은 물론 관객 또한 한국의 창작 문화예술 공연에 소홀함을 느낀다.

반대로 외국에서 사는 이방인들은 역시 타국의 문화에 많은 사람들이 관심을 갖게 되는 것은 체험하지 못한 다른 문화를 접하고픈 호기심인 반면 자국의 것을 소중히 이해하며 애국하며 뒤돌아보게 되는 경우를 본다. 서양문화의 틀에 맞는 발레가 한국 사람에게도 그 발레라는 모방의 틀을 벗어나 우리의 멋을 함께 넣어 동서양을 막론하고 어느 문화의 모방이 아닌 한국의 전통을 살린 또 하나의 새로운 장르로 만들어 가는 데 의의를 둔다.

한국에서 내 나라에서 나의 문화를 접하며 살아간다는 것. 발레를 이제껏 해 온 나에게는 지금껏 발레를 해 온 시간보다 우리 문화예술을 발레 작품으로 창작했던 시간이 짧기만 했다. 이제 한국인으로서 한국에서 살면서 우리 문화의 작품을 만들어 간다는 것은 내가 살아가고 있는 이유 중에 하나라고 본다. 모든 무대 예술을 접할 때마다 관객을 위해 공연을 길지 않은 시간에 지루하지 않게 관객의 입맛에 맞춤공연으로 제작들을 하지만 나는 그렇게 생각하지는 않는다. 재미는 있지만 항상 공연장마다 본 듯한 재미도 자주 보니 왠지 식상한 것은 모방 때문이 아닌가 싶다.

모방이 아닌 작품은 식상하지 않기 때문에 새로움에 흥미를 느끼게 된다. 한국의 민속적인 창작 발레라 해서 발레라는 서양의 인식된 틀에 외국문화에 흥미를 두는 사람들은 별 흥미를 못 느낄 거라 미리 생각할 수도 있겠지만 반대로 우리의 멋이 담긴 발레라 해서 더 흥미롭다는 사람들도 매해 늘어 가는 추세이므로 내가 살아가고 있는 이유 중에 하나가 그 틀을 깨어 보고 싶은 충동 때문임에 변함이 없다. 또한 나의 작업에 맞춤식의 공연은 내가 가는 예술세계의 길이 아니기에.

2) 수레의 깃발 / 이상만

도시의 빛을 발하는 고급 승용차 대열에서 가시넝쿨에 감겨진 수레바퀴의 숨소리가 들린다. 거센 세도의 휘발유 향기가 깃발을 꽂을지라도 가시넝쿨에서 피어난 찔레꽃 향기를 실은 수레에 깃발은 없다.

흙 내음 가득한 서래마을 길 따라 도라지꽃, 싸리꽃 뿌려진 정겨운 수렛길엔 도시의 빛을 발하는 명예의 깃발은 없다. 깃발 없는 수렛길 위엔 오직 꽃향기가 있을 뿐이다. 수렛길에 취하고 싶었기에 어제도 오늘도 깃발은 없다. 오늘이 있는 무대를 향하여 잠시 수레를 멈추자.

외길에 실려 온 하얀 찔레꽃 향기의 보따리를 풀어 오늘 이 자리에 함께 실려 오는 모든 분들에게 깃발의 짐을 버리고 찔레꽃 향기에 취해 신촌에서 서강 길을 따라 오늘 하루의 행복이 짐 없는 영원한 행복의 길로 이어졌으면….

3) 아리랑고개에서 / 이상만

아리랑고개는 넘어가려야 넘어갈 수 없는, 넘어서는 안 될 죽음의 고개라고까지 말하지만 그 고통을 이기고 부르는 노래가 아리랑이며 또한 넘어야 할 고개일 것입니다. 아리랑고개는 리발레단이 수없이 넘고 넘었던, 또 지금도 넘고 있는 역경의 고개라고 느껴지기도 합니다. 하지만 이를 노래 삼아 부르며 시름을 달래는 무아지경의 산모퉁이엔 어느새 석양은 지고 쉼터로 돌아가는 문턱 위엔 또다시 싸리문 사이로 몸을 일깨우는 햇살이 우리를 부를 것입니다.

급변하는 사회 속에서 우리는 많은 것들을 무심히 지나치고 있습니다. 우리 조상들의 생활사가 그대로 녹아 있는 아리랑입니다. 나름대로 우리의 아리랑은 결코 끝나지 않았습니다. 1960~70년대의 공업화로 인한 수많은 노동자들의 노동 착취, 1980년 군부독재 속에 광주의 넋, 1990년 물질만능주의 팽배로 인한 인간 소외 그리고 새천년을 살고 있는 우리네 수

많은 근로자의 불안한 삶은 곧 우리가 넘어야 할 아리랑고개입니다. 그리고 그 고개를 같이할 아리랑은 계속될 것입니다.

2. 이상만 연보

1948년	충북 괴산 출생
1968년	송범발레연구소 입문
1970년	임성남 연구소 및 발레단 입단(주역무용수)
1974년	국립발레단 입단(주역무용수)
1976년	국립극장 예술인 공로상 표창
1977년	2월 미국 일리노이주 예술학교(The National Academy of Arts, Illinois) 3년 장학생 입학
1977년	6월 미국 일리노이 발레단(National Ballet Illinois) 입단(솔리스트)
1980년	뉴욕 다운타운 발레단(New York Downtown Ballet) 입단(주역무용수)
1990년	뉴욕 사우젠랜드발레단(Thousend Island Ballet, N.Y.) 객원(초대무용수)
1985년	리(Lee)발레단 창단공연(한국 국립극장)
1986~95년	리(Lee)발레단 미국 공연 제2회·3회·4회·5회·6회·7회·8회 〈신방〉, 〈논두렁〉, 〈소풍〉, 〈파계승〉, 〈파랑새〉 등
1991~95년	뉴욕 콘서바토리 오브 댄스(New York Conservatory of Dance) 강사 역임
1996년	리(Lee)발레단 한국 역삼동 사무실 설립
1997년	〈메밀꽃 필 무렵〉
1998년	〈IMF〉, 〈Fancy Lady〉
1999년	〈무녀도〉
2000년	〈AMERICAN〉, 〈밀양아리랑〉, 〈백조사냥〉
2001년	〈아리랑〉
2002년	〈Under Light(부제/예수)〉
2003년	한국발레협회 공로상
2004년	• 〈금시조〉 • 영국 리버풀 국제 페스티벌(Liverpool International Festival) 〈금시조〉 초청
2005년	• 〈춘향 어디로 갈 거나〉 • 한국발레협회 작품상
2006년	리(Lee)발레단 제18회 해외 정기공연(미국) 〈춘향(단막)〉

2007년	• 〈황토길〉 • 한국발레협회 무용가상
2008년	〈춘향〉(전막)
2010년	〈바람의 화원〉
2011년	〈김삿갓〉
2012년	〈화원〉
2013년	〈무상〉
2014년 1월 8일	한국에서 66세의 나이로 타계

3. 프로그램

국립발레단(1972)

국립발레단(1972)

국립발레단 광주공연(1972)

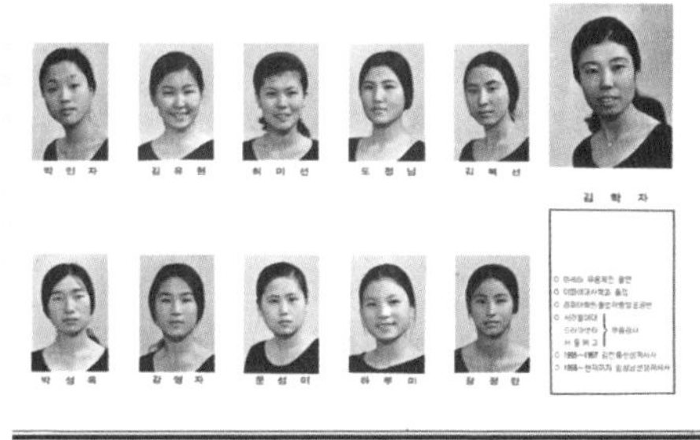

국립발레단(1972.6.16~18)

1. 공기의 精 ········ 쇼팽曲

Les Sylphides　　　　Chopin

1. 녹턴 ········ 임성남
   Nocturne
   김학자 최희주 김명순 최성이
   박인자 김유현
   이동우 이상만
   도정님 김복선 박선욱 김경희
   강영자 문성이 김정란 하루미
2. 왈쓰 ········ 최희주
   Valse
3. 마주르카 ········ 김명순
   Mazurka
4. 마주루카 ········ 임성남
   Mazurka
5. 프레류드 ········ 김학자
   Prelude
6. 왈쓰 ········ 최희주 임성남
   Valse
7. 그랑왈쓰 ········ 전원
   Grand Valse

국립발레단(1972.6.16~18)

국립발레단(1974)

국립발레단(1974.4.3~7)

국립발레단(1974)

국립발레단(1974)

국립발레단(1975)

임성남 발레단(1976)

국립발레단(1976)

로열발레단(1975)

로열발레단(1975)

리발레단(1985)

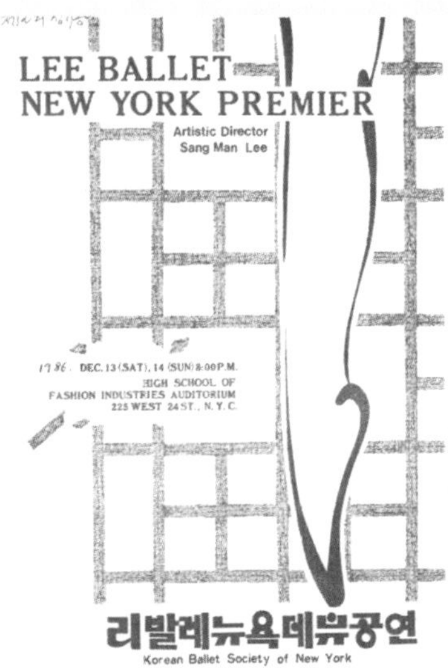

리발레단(1986)

LEE BALLET

Artistic Director, Sangman Lee

Pace University
Schimmel Center for the Arts
December 12, 13, 1987 - 8 P.M.

리발레단(1987)

LEE BALLET

SANGMAN LEE, *Artistic Director*

June 26th - 8 P.M.
Florence Gould Hall
at the French Institute/Alliance Francaise
55 E. 59th Street, New York, N.Y.

리발레단(1988)

LEE BALLET

Artistic Director, Sangman Lee

Pace University
Schimmel Center for the Arts
December 9, 10, 1988 - 8 P.M.

리발레단(1988)

LEE BALLET

H.S. of Graphic Communication Arts

December 1, 2, 1989 - 8 P.M.
December 3, 1989 - 3 P.M.

Supported by
Korea News Inc.

리발레단(1989)

June 29, 1994, 8 P.M.

리발레단(1994)

리발레단(1994)

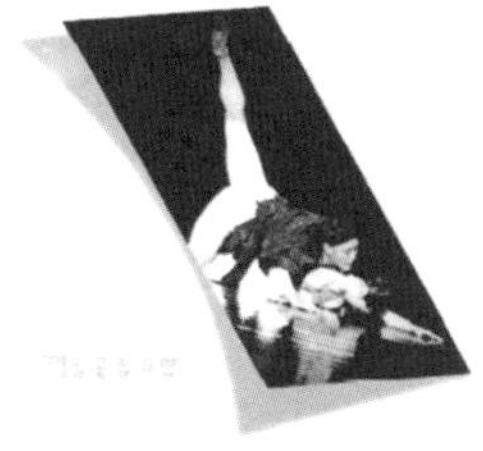

리발레단(1997)

1리발레단(1998)

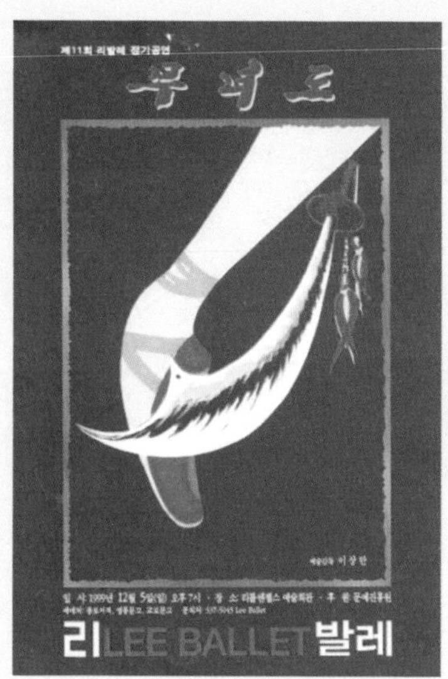

무녀도(1999)

무녀도(2001)

밀양아리랑(2000)

아리랑(2001)

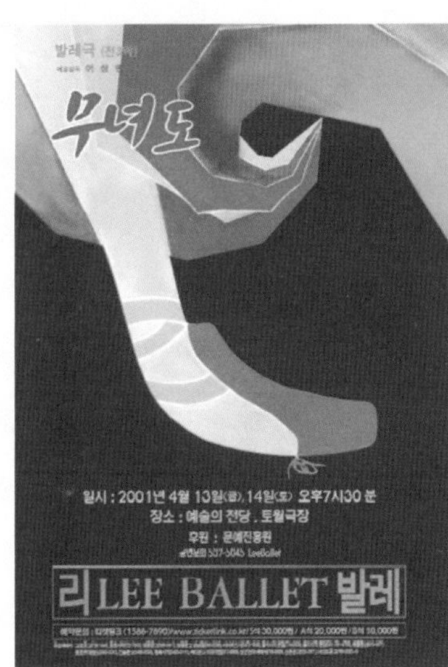

무녀도(2001)

아리랑(2003)

금시조(2004)

금시조(2004)

춘향 미국 공연(2006)

황토길(2007)

춘향(2008)

2010년 LEE발레단 신작

바람의 화원

안무_이상만

원작_이정명

리 L E E B A L L E T 발 레

바람의 화원(2010)

김삿갓(2011)

무상(2013)

발레리나 金學子씨 李相滿씨

이상한魔力, 춤으로 이끌어

순간의 喜悅위해 고된 연습

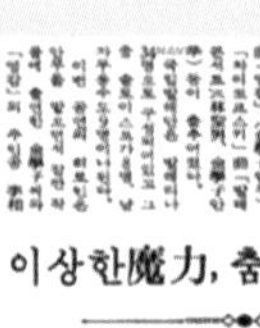

舞臺는 나의唯一한廣場 마음껏 뛰어보고 싶었죠

李相滿씨

「이상한 마력, 춤으로 이끌어」『매일경제』 1975. 6. 16

아당曲 지젤公演 國立발레團

延世協奏曲의밤

국립발레단이 무대에올릴 「지젤」의 한장면.

「지젤 공연」『경향신문』 1976. 4. 28

林聖男발레團公演

—4·5日 國立劇場—

林聖男발레단은 로맨틱발레의 효시인 「아당」의 「지젤」제2막과 현대적기법과 정통적발레기법을 조화시켜 새로운 감각의 무대를 만들었다는 「비제」의 「카르멘」(韓國初演·사진)을레퍼터리로 4, 5일 양일간(오후3시, 7시) 국립극장에서 공연을 갖는다.

구성 안무 林聖男, 출연 金學子 李相滿 陳秀仁 金宗勳 朴海蓮 金聖一등.

「임성남발레단 공연」『동아일보』 1976. 12. 3

미니 인터뷰

前 국립발레단 수석 李相滿씨

「한국 발레 발전에 기여할 터」『매일경제』 1985. 6. 20

李相萬귀국 발레 發表會

뉴욕 에서 활동중인 李相萬씨(37)의 귀국발레공연이 22일 국립극장 대극장(하오3시 반·7시반)에서 열린다. 李相萬씨는 국립발레단 수석무용수로 활동하다가 77년 미국에 건너가 일리노이·폴토리칸·볼티모발레단, 버지니아 컨템포러리 발레단 등에서 활약하다 8년만에 귀국공연을 갖는 것이다.

이번공연에서는 자신이 직접 안무·출연하는「파키타」「집시의 노래」「그리그피스」등을 선보인다. 김명순 최혜자 김선희 이득효 김종훈 정금화씨등 출연.

덴마크 발레단 來韓공연

덴마크 왕립발레단인「로얄데이니시」발레단의 첫번째 한국공

「이상만 귀국 발레발표회」『경향신문』 1985. 6. 18

대한민국 최초 미국국립일리노이발레단 입단

한국 발레사의 전설

(무대 위의 불꽃 이상만)

2018. 4. 24. (화) 4:00 PM

청주예술의전당 대회의실

주최/주관 : 송범춤사업회

후원 : 한국문화예술위원회, 충청북도

문의 : 010-3997-7919, 010-9419-8437

송범춤사업회 제4회 학술세미나

「무대 위의 불꽃 이상만」 팸플릿(2018)

송범춤사업회 제4회 학술세미나(2018)

송범춤사업회 제4회 학술세미나(2018)

송범춤사업회 제4회 학술세미나(2018)

4. 리발레단 공연 참여자(1985~2013)

• 1985

김명순, 최혜자, 이득효, 김종훈, 김선희, 전홍조, 서은하, 한재선, 정금화, 예신희, 도지원, 최미선, 고시옥, 최미영, 이화진, 김준희

• 1986

오영자, 민병수, 김경희, 반은주, 박상욱, 손병은, 홍인석, 이형래

• 1987

TonyCastro, JessyTran

• 1988

Chery therrien, Alessandro nakman, Nahir Medina, Sonia Soares, Noel Cruz, Kim Mortensen

• 1989

Sung-Ae Chang, Darren Chase, Claire Posada, Susan Snedeger, Tas Steiner, Lohi Taksa, Sheg Tseng, Tanya Zayhowski

• 1994

Younga Kim, AnthonyWayne Tronchin, Marcia Ganem, Mikako Hayakawa, Masako Koga, Shuichi Otani, Uki Kttaka, 신애숙, 권희선, 손미경, 정은주, 이정숙, 김재은, 김정미, 문경만, 이태상, 이성락, 김문태, 이화성

• 1997

권경미, 조미경, 이혜주, 지우영, 이선영, 강경신, 조은성, 김종근, 문지연

• 1998

박경희, 김현주, 김정아, 유갑경, 심선미, 김정은, 김문선, 서지희, 신정섭, 김찬식

• 1999

이은호, 강준하, 소정아, 최은, 김봉선, 김소중, 배진희, 서주현, 홍세희, 오성민, 김수현, 이숙현

• 2000

한숙경, 이가영, 김진숙

• 2001
이유미, 조재영, 안소영, 김광범,윤종배, 박정윤, 이운영, 최은영, 이승아

• 2003
한칠, 고경만, 임지영, 정미라, 방지현, 이창배, 김수진, 유은희, 김권희, 이수진, 정재원, 김은선, 최송이, 김태선

• 2004
정지윤, 김민정, 박경하, 김윤지, 전혜원

• 2005
강연희, 임선아 김영화, 김재은, 송지은, 김윤희

• 2006
송창호, 김대우 신송현, 이현정, 김지연, 백성희

• 2007
정은성, 정윤영, 김지연, 지다영

• 2008
정은아, 홍영기, 조향미, 홍영욱, 임선우

• 2009
이세영, 정다움, 윤지연, 손규리, 이용택, 안연화, 박정현, 김정희, 최선미, 이유미, 심재현

• 2011
박경화 김현진, 김윤경, 전미경, 노신영,

• 2013
정설웅, 윤호선, 조진혁, 조한얼, 김진석, 박병일, 김지연, 박소영, 박유리, 김나연, 이다슬, 한슬기, 성초롱, 김보현, 임예섭, 하소영, 고아란
(174명, 이은호 제외)

재수록한 글의 출전

제3장 이상만을 회상하며

- 끝없는 모색과 실천

  김순정, 『제4회 학술세미나 – 무대 위의 불꽃 이상만』, 송범춤사업회, 2018. 4. 24.

- 무대 위의 불꽃이 되다

  이찬주, 『세계를 누비는 춤예술가들』, 글누림, 2017, pp. 19~29

제4장 창작 발레에 나타난 한국적 움직임

- 김예림, 『제4회 학술세미나 – 무대 위의 불꽃 이상만』, 송범춤사업회, 2018. 4. 24.

제5장 춤 작업의 비평적 증언

- 금년 들어 감동을 맛보다

  이순열, 「큰 기대에 비해 공허감」, 『월간 춤』 1977년 2월호, pp. 77~78

- LEE BALLET가 보여 주는 한국 발레의 가능성

  이근수, 『무용가에게 보내는 편지』, 경희대학교출판국, 1998, pp. 273~278

- 순수한 발레 열정(熱情) 돋보여 – 〈무녀도〉

  송종건, 『댄스포럼』 2000년 3월호, pp. 88~89

- 아라베스크로 푸는 이상만의 〈무녀도〉

  이근수, 『춤과 사람들』 2002년 1월호

- 리발레를 다시 생각한다 – 〈춘향〉

  이근수, 『누가 이들을 춤추게 하는가 – 우리 시대 무용가 30인』, 룩스문디, 2010

- 60대 발레리노의 열정

  이상일, 「70대의 데뷔, 60대 발레리노의 열정 그리고 젊은 미래지향적 군상들」, 『몸』, 2008년 7월호, 75~76

- 〈무상(無常)〉에 심은 고독한 발레리노의 꿈

  이근수, 『서울문화투데이』, 2014. 1. 8.

- 2013 창작산실 발레 부문 공연 화려한 무대

  문애령, 「2013 창작산실 발레 부문 공연 화려한 무대, 형식의 다양성에 눈 돌려야」, 『춤웹진』 2014년 1월호

참고문헌

김순정, 「선한 웃음 속의 강인한 실천가-이상만」, 『서울문화투데이』, 2018. 2. 10.

「끝없는 모색과 실천」, 『제4회 학술세미나 - 무대 위의 불꽃 이상만』, 송범춤사업회, 2018. 4. 24.

김예림, 「김예림이 만난 예술가들 - 이상만」, 『춤과 사람들』, 2011년 1월호

「창작 발레에 나타난 한국적 움직임」, 『제4회 학술세미나 - 무대 위의 불꽃 이상만』, 송범춤사업회, 2018. 4. 24.

문애령, 「2013 창작산실 발레 부문 공 화려한 무대 눈 돌려야」, 『춤웹진』 2014년 1월호

송종건, 「순수한 발레 熱情 돋보여 - 제11회 리발레 정기공연」, 『댄스포럼』 2000년 3월호

「초창기 국립발레단 주역무용수 이상만 인터뷰」, 2003. 2. 5.

신정선, 「항암제 세게 쓸 수 없어 … 난 발레를 해야 하니까」, 『조선일보』, 2013. 12. 2.

이근수, 「'무상(無常)'에 심은 고독한 발레리노의 꿈」, 『서울문화투데이』, 2014. 1. 6.

「LEE BALLET가 보여 주는 한국 발레의 가능성」, 『예술세계』 1998

「아라베스크로 푸는 이상만의 무녀도」, 『춤과 사람들』 2002년 1월호

『누가 이들을 춤추게 하는가 - 우리 시대 무용가 30인』, 룩스문디, 2010

『무용가에게 보내는 편지』, 경희대학교출판국, 1998

이상일, 「70대의 데뷔, 60대 발레리노의 열정 그리고 젊은 미래지향적 군상들」, 『몸』 2008년 7월호

이순열, 「큰 기대에 비해 공허감」, 『월간 춤』 1977년 2월호

이찬주, 「한국 발레의 전설, 무대 위 불꽃 되다」, 『중부매일』, 2014. 1. 13.

「이상만, 무대 위의 불꽃이 되다」, 『몸』 2014년 2월호

「이상만의 마지막 인터뷰」, 『춤과 사람들』 2014년 2월호

「아이리쉬와 스코티쉬의 발레를 만나다」, 『공연과 리뷰』 2018년 여름호

「춤-all that dance」, 이브출판, 2000

「세계를 누비는 춤 예술가들」, 글누림, 2017

임성남, 「보람에 산다 - 하나의 역작이 나오기까지」, 『경향신문』, 1976. 12. 3.

춤추는 거미, 「한국의 조지 발란신을 꿈꾸는 안무가, 이상만」, 2010. 3. 26.

「이상한 魔力 춤으로 이끌어」, 『매일경제』, 1975. 6. 16.

「임성남발레단 公演」, 『동아일보』, 1976. 12. 3.

「한국 발레 發展에 기여할 터」, 『매일경제』, 1985. 6. 20.

「이상만 귀국 발레 發表會」, 『경향신문』, 1985. 6. 18.
「잊을수 없는 感動, 無我境 3시간」, 『동아일보』, 1975. 4. 23.
「로열발레단 來韓 111명」, 『동아일보』, 1975. 4. 19.
「人間으로서는 最高峰」, 『동아일보』, 1975. 4. 30.

이상만 관련 홈페이지

리(Lee)발레단 홈페이지(www.leeballet.co.kr)
국가기록원 공식 홈페이지(www.archives.go.kr)
국립예술자료원 공식 홈페이지(http://archive.arko.or.kr/ http://www.daarts.or.kr)
공연예술 디지털 아카이브 공식 홈페이지(http://archive.ntok.go.kr/index.js)
「고희경의 컬처 프리즘」, 2018. 8. 4.
메디컬코리아 편집부, 『발레용어사전』, 메디컬코리아, 2011
이태신, 『체육학대사전』, 민중서관, 2000
영상DVD 〈무녀도〉, 〈춘향〉, 〈AMERICAN〉, 〈밀양아리랑〉, 〈백조사냥〉, 〈아리랑〉, 〈금시조〉, 〈황토길〉, 〈바람의 화원〉, 〈무상〉
위키백과사전
네이버사전

인터뷰기록

이상오, 2018. 3. 27.
이은호, 2018. 4. 7.
김성세, 2018. 7. 19.
김명순, 2018. 7. 31. / 9. 13.
박경희, 2018. 7. 31. / 8. 1. / 10. 4.
리발레단, 2018. 9. 15.
전홍조, 2018. 9. 16.
김길용, 2018. 10. 2.
지우영, 2018. 10. 15.
서정자, 2018. 10. 17.
국수호, 2018. 10. 22.
김학자, 2018. 10. 23.
김광범, 2018. 10. 24.

사진 제공

1장_ 책을 시작하며

p16 ©이찬주춤자료관
p18 1. ©국립발레단, 이찬주춤자료관
2 ©이찬주춤자료관
3. ©이찬주춤자료관

2장_ 춤과 인생

p24 ©이찬주춤자료관
p25 이상만의 탄생지 ©이찬주춤자료관
p26 ©이찬주춤자료관
p27 1~4. ©이찬주춤자료관
p29 ©이찬주춤자료관
p31 1. ©유명재
2~3. ©이찬주춤자료관
p33 ©이은호, 이찬주춤자료관
p36 1. ©국수호
2. ©황창호
p37 1. ©김학자
2. ©국립발레단/국립극장공연예술박물관
p38 2. ©이은호
p39 1. ©국립발레단
2. ©국립발레단
p41 1~2. ©국립발레단, 이찬주춤자료관
3. ©이찬주춤자료관
p42 2. ©국립발레단
3~4. ©이찬주춤자료관
p44 2. ©이찬주춤자료관
p45 1~3. ©동아일보, 이찬주춤자료관
4. ©이찬주춤자료관
p46 ©이은호
p47 1~2. ©이은호
p48 1~3. ©이은호
4. ©국수호
p49 ©이은호
p50 1. ©이찬주춤자료관
2~3. ©이은호
p53 ©정현준
p55 ©이찬주춤자료관
p57 1~2. ©이은호
p58 1~2. ©이은호
p59 1~2. ©이은호
3. ©이찬주춤자료관
p60 1. ©이은호
2. ©이찬주춤자료관
p61 ©이찬주춤자료관
p62 1~2. ©이은호
3. ©양진수
p64 ©이찬주춤자료관
p65 ©리발레단
p68 1~2. ©이찬주춤자료관
p69 ©이은호
p70 ©이찬주춤자료관
p71 ©최영모/이찬주춤자료관
p72 1~2. ©이찬주춤자료관
p73 ©이은호
p74 1. ©양진수
2. ©김학자
3. ©이찬주춤자료관
p75 1~4. ©이은호
p76 1. ©이은호
2. ©리발레단
p77 1~2. ©이찬주춤자료관
p78 1. ©리발레단
2~3. ©이찬주춤자료관
p79 1~3. ©이찬주춤자료관
p80 1~2. ©이찬주춤자료관
p82 ©이찬주춤자료관
p83 1~2. ©리발레단
p84 1~3. ©리발레단
p85 1~2. ©리발레단
p86 1~3. ©지우영
4. ©이찬주춤자료관
p87 ©리발레단
p89 ©리발레단
p90 1. ©이찬주춤자료관
2. ©리발레단
p91 1~3. ©리발레단
p92 ©리발레단
p94 ©리발레단
p95 1~2. ©리발레단
p99 1~3. ©리발레단
p100 1~2. ©리발레단
p101 ©리발레단
p102 1. ©리발레단
2. ©이찬주춤자료관
p103 1. ©리발레단
2~3. ©이찬주춤자료관
p105 ©이찬주춤자료관
p108 ©이찬주춤자료관
p109 1~2. ©이찬주춤자료관
p112 ©리발레단
p113 ©리발레단
p114 1~4. ©이찬주춤자료관
p119 1. ©리발레단
2. ©양진수
p120 ©이찬주춤자료관

p121 1~3. ©리발레단
p122 1~4. ©유진발레아카데미
p123 1. ©리발레단
2. ©이찬주춤자료관
p124 1~4. ©이찬주춤자료관
p126 ©리발레단
p130 ©이찬주춤자료관
p131 1. ©리발레단
2. ©이찬주춤자료관
3. ©리발레단
p132 1~6. ©이찬주춤자료관
p133 1~2. ©이찬주춤자료관
p136 1~5. ©이찬주춤자료관
p145 ©이찬주춤자료관
p146 1~3. ©리발레단
p147 1. ©리발레단
2. ©이찬주춤자료관
3. ©리발레단
p151 ©성형주
p152 1~2. ©이찬주춤자료관
p154 1~3. ©이찬주춤자료관
p155 1. ©이찬주춤자료관
2. ©리발레단
p158 1. ©이찬주춤자료관
2. ©리발레단
p159 1~2. ©리발레단
3. ©이찬주춤자료관
p160 ©이찬주춤자료관
p166 ©이찬주춤자료관

3장_ 이상만을 회상하며
p170 ©이찬주춤자료관
p172 1~3. ©리발레단
p174 ©김순정
p175 ©리발레단
p176 ©목진우
p177 1~3. ©이찬주춤자료관
p179 ©국립발레단
p180 ©이은호
p183 ©이찬주춤자료관
p185 ©김학자
p186 1~3. ©국립발레단
p188 ©이찬주춤자료관
p190 ©국립발레단
p192 ©박경숙
p193 1~2. ©이찬주춤자료관
p194 ©이찬주춤자료관

4장_ 창작 발레에 나타난 한국적 움직임
p198 ©이찬주춤자료관
p200 1. ©리발레단
2. ©이찬주춤자료관
p203 1. ©리발레단
2. ©이찬주춤자료관
p204 ©이찬주춤자료관
p207 1. ©리발레단
2. ©이찬주춤자료관
p208 1. ©리발레단
2. ©이찬주춤자료관
p210 1. ©리발레단
2. ©이찬주춤자료관

5장_ 춤 작업의 비평적 증언
p214 ©이찬주춤자료관
p215 ©지우영
p216 1~2. ©이찬주춤자료관
p219 ©리발레단
p220 1~2. ©이찬주춤자료관
p221 1. ©이근수
2. ©리발레단
p224 1~3. ©이찬주춤자료관
p228 1. ©이찬주춤자료관
2~3 ©리발레단
p230 ©이찬주춤자료관
p235 1~2. ©이찬주춤자료관
p238 1~2. ©이찬주춤자료관
p239 1~3. ©이찬주춤자료관
p243 1~2. ©이찬주춤자료관
p244 1. ©이찬주춤자료관
2~3. ©리발레단

6장_ 이상만의 유산
p248 ©최영모/이찬주춤자료관
p259 ©리발레단
p260 1~2. ©리발레단
p265~278 ©리발레단

7장_ 책을 마치며
p280 ©이찬주춤자료관
p283 ©리발레단

8장_ 부록
p286 ©리발레단
p292~295 ©국립발레단
©국립극장공연예술박물관
p296~301 ©리발레단
p302 ©매일경제 경향신문 동아일보
p303 ©송범춤사업회/이찬주춤자료관
p304 1~2. ©이찬주춤자료관
3 ©송범춤사업회

국립발레단 계보

*엘레나 파블로바
(러시아 출신, 일본 동경 가마쿠라발레연구소 운영)

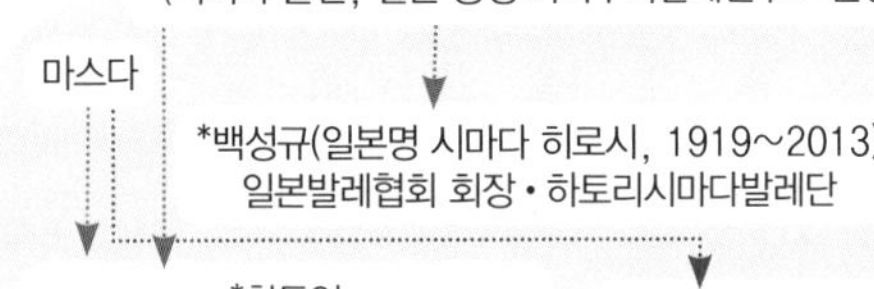

*한동인
(1922~?, 일본명 기요하라세이지)
1946. 10. 서울발레단 공연

*정지수(일본명 사다
니치게키무용단 활

*조익환(曺翊煥) *진수방

조선무용예술협회 발레부-수석위원 정지수
한동인 조익환 진수방

- **박외선(1912~2011, 이화여대) 일본 다카다세이코 무용연구소**

- **진수방(1921~95) 63년 미국**
  진수인(前국립발레단주역, 지도위원)

- **김정욱(1926~ , 세종대) 일본 일본여자체전무용과(1944, 1969졸업)**
  김명순(前국립발레단주역)
  박인자(숙명여대)
  장선희(세종대)
  최희정·배금연(前유니버설발레단)

- **임성남(1929~2002) 한국 한동인 사사 일본 백성규 사사**
- **임성남발레연구소(1953)**
  김절자(1942~1998, 독일카스텔국립발레단)
  김화례(前경희대)
  조승미(前한양대)
  김정수(前단국대)
  김인숙(前기독대)
  손윤숙(전북대)

- **홍정희(1934~1997, 이화여대)** 일본
  김민희(前한양대)
  최성이(前수원대)
  조윤라(충남대)
  신은경(이화여대)

- 최태지(1959~ , 3대·6대 예술감
  일본 가니타니발레단74-82

- **황창호(1936~ , 송범 발레 사사)** | 부산지역에서 활동
  1960 한국발레단창단멤버

- **박금자(1940~ , 前조선대)**
  문영(국민대)
  전은선(前스웨덴발레단)
- **엄영자(1941~)** | 광주지역에서 활동
  김선희(한예종)

- **서정자(1942~ , 前중앙대)** 일본
- **한국발레하우스**
  전홍조(성신여대)

- **조승미(1947~2001)**
  박경숙(공주대)
  황규자(한양대)
  손재현(동국대)
  최윤선(기독대)
  이찬주(춤자료관)
  김길용(와이즈발레)
  김지안(기독대)

- **김정순(신라대)**
  샛별발레단

- **서차영(1952~2016)**
  이종녀 김광범 하승희 김광진
  이동훈(前국립발레단)
  정한솔(조프리발레단)

- 한국예술종합학교
  김선희/김용걸
  블라디미르 Vladimir Lyutov
  마르가리타 Margarita kullik
  나디아 Tcai dezhda

- 강수진(1967~, 7대 예술감독
  독일 슈투트가르트발레단86*-

- 해외 발레단 진출
  스위스 취리히오페라발레단 67*/캐나다 레그랑발레단 김혜식69*
  미국일리노이국립발레단 이상만77*
  독일카스텔국립발레단 김절자79*
  뉴욕시어터발레단 신무섭
  보리스에이프만컴퍼니 백영태
  림스키콜사코프오페라발레단 민병수
  파리오페라발레단 김용걸00* 박세은11*
  네덜란드국립발레단 김지영02*
  컴플렉션컴퍼니발레단 조주환
  워싱턴발레단 김현웅12*
  몬테카를로발레단 윤혜진12*
  워싱턴발레단 이은원16*

초대 단장 임성남(1929~2002)[62-92]

국립무용단 소속 발레단 1962 창단	주리(1927~) 이인범(1927~2004) 김성일(1935~)62* 황창호(1936~) 이운철(1937~ , 前인천대) 김학자(1939~, 前한성대)62* **김혜식**(1942~, 2대 단장[93-95])62* 임연주 김절자(1942~1998)62* 서정자(1942~ , 前중앙대)62* 최희주 이동복(1943~) 김민희(1948~)62*
1970~73	김명순70* 진수인(1948~)72* 지경자 김인주 최혜자 허경자 안승희 박성옥 도정임(1955~ , 청주대)72* 김복선 72* **박인자**(1953~ , 숙명여대, 5대 예술감독[05-07])72* 최성이(前수원대)72* 현희정(1954~)73*
국립발레단 1974~ (정식출범)	**이상만(1948~2014)72*(객원)74*(입단)** 이득효(1946~)74* 서차영(1952~2016, 前세종대)74* 이호74* 신호웅74* 박해련 김종훈(1948~) 박일규(1949~) 김옥선 백의선(원광대)75* 민병수(부산대)76* 손윤숙(전북대)78* 김경희(성균관대)80* 박경숙(광주여대)80* 심재빈80* 남상열 김선희(한예종)81* 박희태(우석대)82* **김긍수**(1858~ 중앙대, 4대 예술감독[02-04])82* 김순정(성신여대)83* 문영철(1961~)84* 문병남84* 전미연 조미송 정형수85* 백영태(강원대)85* **최태지**(1959~ , 3대·6대 예술감독[96-01/08-13])87* 나형만 남상열 이재신 허경은 손민호89* 김선호89* 박상철(지도위원[01-06])90* 연은경 정미자 이경란 최강석91* 한성희91* 강준하91* 최경은91 김길용(와이즈발레단)92* 이인기92* 신무섭93* 신혜진 김현주 박순영 이주리 전정아94* 김용걸(한예종)95* 이원국97* 최세영 최경은 정남열 김창기97* 김은정 조주환 최선아 김지영97* 김주원(성신여대)98* 김지안(애정, 기독대)99* 김보연 장운규01* 전효정01* 윤혜진01* 이원철 이시연 김지선 노보연01* 정현옥01* 이영철02* 이수희02* 이향조03* 오자현 김현웅04* 홍정민 정주영 박연정 박귀섭06* 김리회06* 장우정06* 송정빈08* 박세은09*~10* 김희현09* 정영재09* 신승원09* 유난희09* 고혜주 윤전일 박기현 이충훈 이수희 박슬기07* 이동훈08*~18* 이은원10* 이재우11* 김기완11* 한나래12* 박예은12* 허서명13* 정은영14* 김명규14* 변성완14* 하지석15* 박종석16* 심현희16* 이시연

한국 발레사의 계보를 국립발레단을 중심으로 기술하고 학연 관계로 복잡히 얽힌 국내의 무용연구소와 학교는 제외하였다.
국립발레단은 1962년 결성된 국립무용단에서 1974년에 독립하여 창단하였다. 단원 입단연도(*)는 최근의 기록밖에 남아 있지 않아, 과거 단원들은 직접 조사하여 채워 넣었으며 주요 인물의 생년을 표기하여 초기 세대(1962~74년)의 국립발레단 연구에 도움이 되게 하고자 한다.

이상만에게 영향을 준 국외의 주요 스승들을 기록하여 그의 발레 스타일 영향사의 미흡함을 보완하려 한다. 출전: 이찬주의 책『세계를 누비는 춤예술가들』(2017)

·이상만
Vladimir Dokoudvsky / Johan Ashton / Alexander Benet / John Prince / Antony Valdor / Michel Maul / Vitaly Fokine

유니버설발레단 계보

• 선화예술학교

에드리언 델라스(76* 부임)

문훈숙 허용순

김인희 최인화 전은숙 박재근 여지현

전숙경 이유미 박선희 강수진 박재홍

김미나 강예나 이종필 김세연 엄재용 강미선 이원철 황혜민 서희 강민우

박종석 김채리 이동탁 최영규 이현준 정한솔 안재용 최원준 전준혁 등

• 로열발레학교

문훈숙-김인희-최민화-전은숙(메리언 레인 지도) 강예나

• 모나코 왕립발레학교

문훈숙-허용순-최민화-이인경-강수진-황혜민
(마리카베소브라소바 지도)

• 선화&UBC 해외 발레단 진출

문훈숙 워싱턴발레단82*
허용순 프랑크푸르트/취리히/바젤/뒤셀도르프
강수진 슈튜트가르트발레단86*
강예나 키로프발레단94*
전은선 스웨덴발레단03*
김세연 취리히/네덜란드국립·스페인국립무용단12*
서희 아메리칸발레시어터05*
하은지 네바다03*/핀란드발레단07*
한상이 몬테카를로05*/네덜란드국립발레단08*
남민지 스웨덴왕립발레단03*
박종석 워싱턴/펜실베이니아발레단
안은영 도이체슈타츠오퍼발레단
이상은 드레스덴 젬퍼오퍼발레단10*
최영규 네덜란드국립발레단11*
이현준 털사발레단
최희윤 스페인국립무용단11*-UBC14*
한서혜 보스턴발레단12*
정한솔 조프리발레단15*
김애리 베를린슈타이츠발레단15*
이승현 베를린슈타이츠발레단15
안재용 몬테카를로 발레단16*
전준혁 로열발레단17*
최원준 Wroclaw Opera 발레단16

• 워싱턴DC키로프발레아카데미(Kirov Academy of Ballet, 前유니버설발레아카데미)

강예나 김세연 이원철 엄재용 황혜민 장운규 강미선 박종석 강민우 이승현 진세현
(올레그 비노그라도프, 알라시조바 등 지도)

이찬주의 책『세계를 누비는 춤예술가들』(2017)에 기록한 우리 춤예술가들이 국외에서 사사한 인물들을 함께 싣는다.

·제임스전 Colin ressell / David Howard / Roy tobias
·김용걸 Cyril Atanassoff / Noëlla Pontois / Florence Clerc / Ghislaine Thesmar
·전은선 Olga / Vadim / Olga Evreinoff / Yanick Boquin / Piotr Nardelli
·김지영 Inna ZubKovskaya/ Nathalie Caris / Sonja Marchiolli / Rachel Beaujean / Guillaume Graffin
·김세연 Oleg Vinogradov / Alla Sizova / Heinz Spoerli
·하은지 Ingrid Němečková / Tulli sandell / Joseph Kerwin / Kimmo Sandel
·홍지민 Sorella Englund / Evelyn Hart / Ingrid Glindemann / Florence Clerc
·최영규 Olivier Mattart
·안재용 Marc Ribaud / Bernice Coppieters / Asier Uriagereka / Giovanna Lorenzoni
·정한솔 Ashley wheater / Adam Blyde / Nicolas blanc / Suzanne Lopez

유니버설발레단(UBC) 1984
에드리언 델라스(초대 감독, [84-87])
다니엘 레반스(2대, [87-88])
로이토비아스(3대, [88-95])
브루스 스타이블(4대, [96-98])
올레그 비노그라도프(5대, [98-07])
유병헌(6대, [09~])

UBC 지도위원
유지연 마린스키발레단95*(부예술감독)
진헌재 최희윤 민홍일 황재원
前)이준규 前)이주리 前)안지원 엄재용

유니버설발레단

단장[95-] 문훈숙(1963~) 84*
김인희-최민화-여지현-김혜영-박재근(상명대)
-안승희-이인경-심재빈(84*)
박선희-연은경-전숙경-김경호-소정아(85*)
김혜영-박재홍(한성대)(86*)
제임스전(한국체대)87*
김동성-이인기-이유미(88*)
이준규-곽규동-김미나-홍승엽-이화석(89*)
배금연-이미자-최희정(90*)
배미라-부재웅-유종선(91*)
권혁구-신순주-허경수-윤선형-이주리(92*)
이원국-황재원-전성렬(93*)
곽재형-이종필-임혜경(94*)
전은선-강예나(96*)
김광범-염지훈(97*)
김인경-정운식-최진수(98*)
김세연-조주환(99*)
엄재용-고재섭-전정아(00*)
김애리01*
강미선-황혜민-김창기-이민정-서라벌(02*)
유난희-안지은(03*)
이상은-김유선(05*)
하은지06*
진헌재 안지원 민홍일 남민지
최희윤-김나은(07*) 이현준07/17*
이루다-강민우-오혜승(08*)
안은영
최지원09/14* 한서혜-김채리-이영도(09*)
이동탁10*
홍향기-이용정-한상이(11*)
박종석14~15*
이승현
김유진17* 서혜원17*
이선우18*

1976년, 미국에서 발레 교사로 초빙된 에드리언 델라스가 선화예술학교에 클래스를 열면서 국내에 새로운 발레교수법이 도입되었고 이를 계기로 1984년 유니버설발레단이 설립되었다.
그 외에 광주시립발레단(1976), 리발레단(1985), 이원국발레단(2004), 와이즈발레단(2005) 등이 생겨났고, 대학발레단 중심으로 발레 창작에 힘써왔던 교수진들이 있다. 한국의 각 발레단은 일반 대중들에게 발레를 널리 알리는 데 힘썼다. 또한 젊은 춤꾼들의 등장과 국제적인 교류가 많은 페스티벌과 제전, 세계 유수의 콩쿠르, 해외 발레단에서 괄목할 만한 질적 증가의 성과도 이루어 내었다.